포켓

해외 여행자의
의사소통을
책임지는 책

하나, 둘 해외여행 독일어

여행 준비물 제1호

국제언어교육연구회 엮음

하나, 지금 닥친 상황에 꼭 해야 할 한 마디
둘, 외국인이 물어올 예상되는 두 마디

太乙出版社

해외여행이 완전히 자유화 되면서 여행하는 사람들의 수가 날로 많아지고 있습니다. 자국을 여행하는 것도 큰 어려움으로 생각했던 시대는 가고 지금은 세계일주까지도 보통으로 생각하는 세상에 살고 있습니다.

낯선 땅을 여행하며 그곳의 경치를 즐기고 온갖 볼거리를 구경하면서 풍물을 배우는 것보다 더 즐거운 일은 없습니다. 해외여행은 유익한 기회가 되어야 하며 미지의 세계를 찾는 일은 견문을 넓히는 기회로 보고, 듣고, 느낀 것이 모두 유익한 교양이 되도록 해야 합니다.

국내여행보다는 비용이 많이 들기 마련이어서 해외여행은 알뜰해야 하는데 이렇게 귀중한 기회인 해외여행을 유익하고 알뜰하게 하려면 무엇보다도 먼저 빈틈없는 계획과 준비를 해야 합니다.

뚜렷한 여행 목적을 가지고 무엇을 위해 해외여행을 하는가를 확실히 해야 합니다. 여행 목적이 세워졌으면 이에 따라 목적지, 여행방법, 여행시기 및 기간, 경비 등의 구체적인 계획을 세웁니다. 이 모든 즐거운 계획들이 효과적으로 원만히 진행되려면 무엇보다 중요한 것은 의사소통 문제입니다. 가장 기본적인 문제는 발길을 옮길때마다 일어나는 상황에서 꼭 알아들어야 되고 꼭 해야 할 표현을 못듣고, 못하여 실수를 하거나 난처한 경우를 당하는 일입니다.

실수를 통해 배운다는 말도 있지만 실수하지 않고 배우는 것은 더욱 지혜로운 일입니다. 예전과는 달리 우리의 국력에 걸맞게 최소한의 체면을 지키고 국제적인 매너에도 자연스럽게 적용하는 일이 필요합니다.

이 하나, 둘 해외여행 독일어 는 여행하는 분들로 하여금 언어소통에 불편이 없도록 하여 편안한 여행이 되도록 만들어졌습니다. 휴대하기가 간편하여 수시로 이용할 수 있고 우리말로도 쓰여 있어 편리하게 되어 있습니다.

"하나, 둘"에서, 하나는 지금 닥친 상황에 꼭 해야 할 한 마디를 말하며, 둘은 외국인이 물어올 예상되는 두 마디를 말합니다.

출국과 여행, 그리고 귀국에 이르기까지 빈틈없이 상황을 부여하여 하나와 둘을 기록했으므로 정말 기분 좋은 여행이 되실 것입니다.

그리고 보다 더 만전을 기하고 싶어하는 분들을 위해서 뒷부분의 부록에 최종 점검을 할 수 있도록 해 두었으니 많이 이용하시기 바랍니다.

대망의 21세기가 활짝 열리면서 국제화, 개방화의 급속한 변화 추세 속에서 국가도 웅비하고 개인도 부강하고 이 책을 공부하는 여행자에게도 비약이 있기 바라며 또 그렇게 되기를 확신해 마지 않습니다.

편집부

포켓

하나, 둘 해외여행 독일어

Wunderbar!

ganz lieb

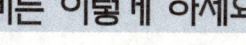
여 권 해외여행 신분증명서

(1) 소양교육과 신원조회를 마치고 외무부 여권과에서 발급 받으세요.

(2) 지방의 경우는 각 시도 여권계에서 발급 받으세요.

(3) 수속하는데 열흘 정도 걸립니다.

비 자 여행 대상국에서 입국을 허가해 주는 입국사증

(1) 우리나라와 상호 비자 면제 협정을 맺은 나라와 맺지않은 나라가 있는 점에 유의하시기 바랍니다.

항공권 비행기표

(1) 여행 일정에 알맞는 항공편을 미리 예약해두세요.

(2) 한 곳에 몇일 이상 머물 때는 출발 3일전에 반드시 항공편을 예약 재확인 해두어야 합니다.

보 험 상해·질병·항공기 납치 등의 뜻밖의 사고에 대비해 보험에 들어두면 안심할 수 있습니다.

환 전 은행에서 해외 통용 외화로 바꾸어야 합니다.

(1) 여행자수표는 환전한 다음 윗쪽에 서명하고 쓸 때 아랫쪽에 서명합니다.

(2) 신용카드로 사용할 수 있으며 귀국 후 우리나라 돈으로 결재가 가능합니다.

출입국절차 공항이나 또는 항만에서 세관·출입국심사·검역의 절
차를 밟게 됩니다.

(1) 출국할 때 공항에는 보통 2~3시간 전, 늦어도 1시
간 전에 도착해야 합니다.

탑승수속 이용하는 항공사의 데스크를 찾아가셔야 합니다.

(1) 여권과 항공권을 제시하고 공항세를 내면 항공권
의 좌석을 배정 받습니다.

(2) 이때 수하물을 탁송 처리합니다.

(3) 좌석이 적힌 탑승권과 화물인환증을 받아 출국장
으로 갑니다.

세 관 보안 검사를 마치고 휴대품에 대한 검사를 받습니다.

(1) 값비싼 물건은 신고해 두어야 입국할 때 세금을
물지 않습니다.

출국심사 여권, 항공기탑승권, 출국신고서를 내면 최종심사후 여
권에 스탬프를 찍어 돌려 줍니다.

(1) 이곳을 나오면 탑승 대기실입니다.

(2) 탑승권에 찍힌 번호의 탑승구로 가면 됩니다.

검 역 전염병 발생지역을 여행하는 경우 예방접종카드를 확인
하지만 일반적으로 생략합니다.

입국절차 출국절차와 정반대입니다. 검역에 이어 여권·입국신고
서를 내고 수하물을 찾고 세관에서 통관 절차를 밟습니다.

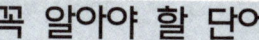
1. **여권** : (라이제)파스
   (Reise)paß

2. **비자** : 비쭘
   Visum

3. **항공권** : 풀룩카르테
   Flugkarte

4. **환전** : 겔트벡셀
   Geldwechsel

5. **항공편 예약 재확인** : 베슈테티궁
   Bestätigung

6. **이서** : 운터슈리프트
   Unterschrift

7. **보험 · 보험금(액)** : 페어지혀룽 · 페어지혀룽스쭘메
   Versicherung · Versicherungssumme

8. **탑승수속** : 아인첵켄
   Einchecken

9. **세관** : 졸
   Zoll

10. **출국심사** : 두르히강스콘트롤레
    Durchgangskontrolle

11. **검역** : 디 에르츠틀리혜 운터주훙
    die ärztliche Untersuchung

12. **입국절차** : 포말리테트 퓨어 아인라이제
   Formalität für Einreise

13. **출국허가** : 압리이제에어라웁니스
   Abreiseerlaubnis

14. **입국허가** : 아인라이제에어라웁니스
   Einreiseerlaubnis

15. **탑승권** : 보르트카르테
   Bordkarte

16. **화물인환증** : 게펙소야인
   Gepäckschein

17. **탑승구** : 게이트
   Gate

18. **예방접종카드** : 슈츠임풍카르테
   Schutzimpfungkarte

19. **수하물 찾는 곳** : 게펙륙가베
   Gepäckrückgabe

20. **공항수하물보관소** : 게펙아우프베바룽
   Gepäckaufbewahrung

21. **호텔에서의 투숙절차** : 아인체켄
   einchecken

22. **호텔의 계산(방을 비우기 위해)** : 압멜덴
   (sich)abmelden

23. **호텔귀중품보관소** : 코스트바카이트아우프베바룸 임 호텔
   Kostbarkeitaufbewahrung im Hotel

꼭 알아야 할 감탄사

1. 야아!, 아아! : 아아
    Ah! (기쁨·슬픔·놀람·고통·경멸·동정·한탄)

2. 참 멋지다! : 분더바!
    Wunderbar!

3. 참 사랑스럽다! : 간쯔 립
    ganz lieb!

4. 참 귀엽다! : 조 쥐스!
    so süß!

5. 정말 훌륭하다! : 분더바!   Wunderbar!
    정말 굉장하다! : 톨!   toll!
    굉장히 멋지다! : 그로스아티히! großartig!

6. 엉터리!, 거짓말! : 운진!
    unsinn!

7. 좋소! 좋아! 찬성이요! : 굿, 아인페어슈탄덴
    Gut! Einverstanden

8. 뭣! 저런! 어머나! : 바스?
    Was? (놀람·분노의 소리)

9. 이런! : 조 바스
    so was!

10. 잘했다! 훌륭하다! : 굿! 클라쎄!
    Gut! Klasse!

11. **아니! 설마!** : 아하 고트!
    Ach Gott!

12. **어머나!** : 오 고트!
    oh Gott! (감탄·놀람·공포·원망)

13. **아, 차가 있었으면!** : 벤 이히 아인 아우토 해테!
    wenn ich ein Auto hätte!

14. **음, 저, 아니** : 눈, 나
    nun, na (주저·의문 등을 나타낼 때)

15. **재미있다!** : 인테레산트!
    interessant

16. **아휴!** : 오예!
    Oje! (피로감·안도·기쁨·놀람·실망·당황·불쾌)

17. **와! 야!** : 오오!
    Oho!

18. **제기랄! 이크!** : 도너베터!
    Donnerwetter!

19. **야단났다! 슬프다! 괘씸하다!** : 오 고트!
    Oh Gott!

20. **글쎄, 저어, 그건 그렇고, 그런데** : 알조
    also (말을 계속하거나 용건을 꺼낼 때)

21. **아 그래, 그렇구나!** : 아하 소
    ach so

22. **살았다! 아, 고마워라!** : 쭘 글뤽
    zum Glück!

미리 알아둘 표현

1. **말씀하신 것을 이해를 못합니다.**

   이히 칸 니히트 페어슈텐
   Ich kann nicht verstehen.

2. **독일어가 서투릅니다.**

   이히 칸 니히트 굿 도이치
   Ich kann nicht gut Deutsch.

3. **부끄러운 말이지만,**

   이히 쉐메 미히 아버
   Ich schäme mich aber,

4. **하고픈 말을 충분히 못합니다.**

   이히 칸 미히 니히트 클라 아우스드러켄
   Ich kann mich nicht klar ausdrücken.

5. **독일어를 잘하려고 노력하고 있습니다.**

   이히 페어주헤 굿 도이치 쭈 슈프레헨
   Ich versuche, gut Deutsch zu sprechen.

6. **뭐라구요, 다시 한번 더 말해주세요.**

   비 비테 슈프레헨 지 노호 아인말
   Wie bitte? Sprechen Sie noch einmal
   비테
   bitte.

7. 대답할 바를 모르겠습니다.

    이히 바이스 니히티 비 이히 안트보르텐 졸
    Ich weiß nicht, wie ich antworten soll.

8. 안타깝습니다.(답답하다)

    퓔레 미히 조 아인게엠트
    fühle mich so eingeengt

9. 하고픈 말이 빨리 안되는군요.

    이히 브라우헤 임머 아인비스현 짜이트
    Ich brauche immer einbißchen zeit,

    움 미히 아우스쭈드뤽켄
    um mich auszudrücken.

10. 말문이 꽉 막혀 버리네요.

    이히 콤메 게라데 니히트 디스 보크트
    Ich komme gerade nicht das Wort.

11. 알겠습니다. 아, 그렇군요.

    알레스 클라
    Alles klar.

12. 덕분에 또 한 가지 알았군요. (덕분에 배우는게 많군요)

    에츠트 하베 이히 에트바스 다쭈 게레른트
    Jetzt habe ich etwas dazu gelernt.

상황 1

여러분, 모두 타십시오!

비테 슈타이겐 지 아인
Bitte, steigen Sie ein!

기내에서 좌석을 찾을 때

여행객 : 이것이 나의 좌석번호인데 좀 도와 주시겠습니까?

퀸텐 지 미어 헬펜 마이넨 플랏츠 쭈 핀덴
Könnten Sie mir helfen, meinen
Platz zu finden?

스튜어디스 : 네, 이쪽으로 오십시오. 이것이 당신 좌석입니다.

야 게른 폴겐 지 미어 비테
Ja, gern. Folgen Sie mir bitte!

히어 이스트 이렌 플랏츠
Hier ist Ihr Platz.

여행객 : 감사합니다.

당케 쇤
Danke schön.

스튜어디스가 승객에게 할 예상되는 말

스튜어디스 : 손님 좌석은 통로에 있습니다.

이어 플랏츠 베핀덷 지히 네벤 뎀 아인강
Ihr Platz befindet sich neben dem Gang.

스튜어디스 : 저기 창가 좌석이군요.

도르트 암 펜스터
Dort am Fenster.

스튜어디스 : 탑승권을 보여주십시오.

보르트카르테 비테
Bordkarte bitte.

스튜어디스 : 여기 있습니다.

히어 비테
Hier, bitte.

스튜어디스 : 만일 무슨 도움이 필요하시면 이 호출 단추를
누르세요.

벤 지 마이네 힐페 브라우헨 드뤼켄 지 디젠 크놉프 히어
Wenn Sie meine Hilfe brauchen,
drücken Sie diesen Knopf hier.

스튜어디스 : 실례합니다. 좀 지나가겠습니다.

엔트 슐디궁 칸 이히 포바이 게엔
Entschuldigung, kann ich vorbei gehen?

상황

대한항공에 탑승하신 것을 환영합니다.

헤르츨리히 빌콤멘 안 보르트

2

Herzlich willkommen an Bord.

승객의 요구 사항

여행객 : 비행기 멀미에 먹을 약을 좀 갖다 주십시오.

게벤 지 이머 비테 아인 미텔 게겐 루프트크랑크하이트
Geben Sie mir bitte ein Mittel gegen
Luftkrankheit.

여행객 : 만일 빈자리가 있다면 창쪽자리를 쓰고 싶습니다.

벤 뫼클리히 뫼헤테 이히 덴 펜스터플랏츠 네멘
Wenn möglich, möchte ich den
Fensterplatz nehmen.

여행객 : 오렌지주스 좀 주시겠습니까?

아인 글라스 오랑제자프트 비테
Ein Glas Orangesaft, bitte.

여행객 : 담요 한 장 사용했으면 합니다.

이히 헤테 게른 아이네 볼데케
Ich hätte gern eine Wolldecke.

여행객 : 신문을 보고 싶습니다.

이히 헤테 게른 아이네 짜이퉁
Ich hätte gern eine Zeitung.

여행객 : 토할 것 같습니다, 종이백 좀 주시겠습니까?

미어 이스트 위벨
Mir ist übel.

쾬넨 지 미어 아이네 플라스틱튀테 브링엔
Können Sie mir eine Plastiktüte bringen?

스튜어디스 : 좌석 주머니에 있습니다.

찌 핀덴 에스 인 데어 따쉐 안 데어 지쯔뤽자이테
Sie finden es in der Tasche an der Sitzrückseite.

여행객 : 화장실은 이디에 있습니까?

보 이스트 디 토알레테
Wo ist die Toilette?

스튜어디스 : 곧장 앞으로 나가십시오.

게엔 지 게라데아우스
Gehen Sie geradeaus.

상황

3

신사 숙녀 여러분
아이네 다멘 운트 헤른
meine Damen und Herrn

▶ 기내 방송을 알아듣는 요령

1 : 신사 숙녀 여러분,

마이네 다멘 운트 헤른
meine Damen und Herrn.

2 : 루프트 항공을 이용해 주서서 감사합니다.

필렌 당트 다퓨어 다스 지 운저 가스트 게베젠 진트
Vielen Dank dafür daß Sie unser Gast
gewesen sind.

3 : 본 701편 여객기는 프랑크푸르트를 경유하여 뮌
헨으로 가기 위해 이제 떠나겠습니다.

디저 플룩 L701 나하 뮌헨 게트 비아 프랑크푸어트
Dieser Flug L701 nach München via
Frankfurt

4 : 좌석을 똑바로 하시고 벨트를 매어주시기 바라며
담배는 금연등이 꺼질 때까지 삼가해주시기 바랍

니다. 감사합니다.

슈텔렌 지 비테 이렌 짓쯔 아우프레히트 레겐 지 이렌
지혀하이츠구르트 안 라우헌 지 비테 니히트 비스 다
스 라우호지그날 아우스겟트

Stellen Sie bitte Ihren Sitz aufrecht, legen Sie Ihren Sicherheitsgurt an! Rauchen Sie bitte nicht bis das Rauchsignal ausgeht.

bitte ~	비테	부디, 제발 ~십시오.
Stellen Sie Ihren Sitz ~	슈텔렌 지 이렌 짓쯔	
		너의 자리를 ~한 상태로 하라
Willkommen	빌콤멘	환영
mit dem Flugzeug	밋 뎀 플룩조익	비행기를 타고,
aufrecht	아우프레히트	똑바로선, 고추선, 똑바른
Situation	지투아찌온	위치
Flug	풀룩	비행기 편
anlegen	안레겐	매다
Sicherheitsgurt	지혀하이츠구르트	안전벨트
abfahren	압 파렌	이제 떠난다.
verbieten	버이비텐	~을 금하다.
Rauchen	라우힌	흡연
bis ~	비스	까지
Rauchsignal	라우호지그날	금연등
ausgehen	아우스게엔	꺼지다
nach ~	나하	향하여, ~에 가려고
über ~	위버	~을 경유하여
einstellen 아인슈텔렌 끄다		einschalten 아인쇨텐 켜다.

상 황 **이 통과카드는 갖고 계셔야 합니다.**

베할텐 지 디제 트란짓-카르테 베이 지히
Behalten Sie diese Transit-Karte bei sich.

▶ 경유지에서 잠시 내려서

스튜어디스 : 이 통과카드를 갖고 계십시오.

베할텐 지 디제 트란짓-카르테 바이 지히
Behalten Sie diese Transit-Karte bei sich.

여행객 : 이 길로 가면 대합실이 나옵니까?

콤메 이히 히어 쭘 바르테잘
Komme ich hier zum Wartesaal?

다른여행객 : 네, 그렇습니다.

야
Ja.

저도 같은 방향입니다.

이히 빈 아후 아우프 뎀벡 다힌
Ich bin auch dem Weg dahin.

스튜어디스 : 통과여행객이신가요?

진트 지 트란짓-파사지드
Sind Sie Transit-Passagier?

여행객 : 네, 그렇습니다.

야
Ja.

여기 있습니다.

히어 비테
Hier bitte.

정시에 떠납니까?

슈타테트 데어 안슐르스풀룩 핑크틀리히
Startet der Anschlußflug pünktlich?

스튜어디스 : 네, 그렇습니다.

야
Ja.

주의 : 경유지에서 잠시 내릴 때 주었던 추랜싯 카드(통과카드)는
다시 탈 때 회수합니다.

상황 5

어느 비행기로 갈아탑니까?

벨헨 안슐르스풀룩 졸 이히 네멘

Welchen Anschlußflug soll ich nehmen?

························▶ 갈아탈 비행기편의 확인

여행객 : 나는 통과여객입니다.

이히 빈 트란짓
Ich bin Transit-Passagier.

비행기를 갈아타야 합니다.

이히 무스 움슈타이겐
Ich muß umsteigen.

탈 비행기편의 확인은 어디에서 합니까?

보 칸 이히 덴 안슐루스풀룩 베슈테티겐
Wo kann ich den Anschlußflug bestätigen?

항공사직원 : 이층으로 올라가십시오.

게엔 지 쭘 에르스텐 슈톡 히나우프
Gehen Sie zum ersten Stock hinauf.

여행객 : 갈아타는 비행기는 어디에서 탑니까?

보 칸 이히 덴 트란짓 플룩 아인슈타이겐
Wo kann ich den Transitflug einsteigen?

직원 : 10번 게이트입니다.

게이트 쩬
Gate 10.

여행객 : 몇 시에 떠납니까?

반 슈타테트 데어 플룩
Wann startet der flug?

직원 : 2시 30분에 떠납니다.

에어 슈타테트 웅 할프 드라이.
Er startet um halb drei.

중국 CHINA

- 면　　적 : 960만km²
- 종　　교 : 불교, 유교, 도교
- 종　　족 : 한족 93.3%와 55개 소수민족의 복합민족
- 국　　화 : 모란(the tree peony)
- 상징적 동물 : 팬더(panda)(티베트·중국 남부산 흑백곰의 일종)
- 국 민 성 : 매우 조심스럽고 체면을 중시하고, 실리를 중시한다. 원칙의 범위내에서 융통성이 많다.
- 기　　후 : 3월부터 5월까지가 봄이며 날씨는 따뜻하지만 바람이 자주 불고 황사가 심한편이다.
　　　　　 여름은 대륙성 고온이고 또 남부지방은 열대성 고온으로 밤이나 낮이나 견디기 힘들다.
　　　　　 가을 날씨는 전국이 고루 쾌적하여 우리나라와 비슷하지만 동북부 지방은 10월중순만 되면 우리나라의 겨울 날씨와 같다.

📑 꼽히는 관광명소

6월말부터 8월중순이 백두산 관광 시기이다. 천단과 북경 근교에 있는 만리장성과 이화원 명십삼릉 그리고 북경시내에 있는 천안문, 자금성 등이다.

오스트레일리아 Australia

정보소개

- 면　　　적 : 768만 2천 km²
- 종　　　교 : 기독교
- 상징적 동물 : koala (코우알러), kangaroo (캥거루—)
- 인기스포츠 : rugby(럭비), cricket(크리킷)
- 국　민　성 : 보수적 성향이 강하다. 여성의 사회적 활동이 활발하다.
- 기　　　후 : 서부지역의 40%와 북부지역의 80%가 열대성이지만 그외는 온대성기후이다.
  오스트레일리아 동해안의 항구도시로 뉴 싸우스 웨일즈(New South Wales)주의 수도인 시드니(Sydney)지역은 평균 22℃~11℃로 사철 온화한 기후이다. 강우량은 1200mm 내외이다.

■ 꼽히는 관광명소

Blue Mountains	블루 마운튼즈	블루산맥
Botanical Garden	버태니컬 가든	식물원
Harbor Bridge	하어버 부리지	하어버 다리
Hawksbury River	혹크스베리 리버	혹크스베리 강
Opera House	아퍼러 하우스	가극장
Palm Beach	팜 비치	팜해변 관광지
Taronga Park Zoo	타론가 파크 쥬	타론가동물원

THE UNITED KINGDOM of GREAT BRITAIN and NORTHERN IRELAND

- 면　　적 : 24만 4천 km²
- 종　　교 : 영국성공회 50%, 카톨릭 11%
- 국　　화 : 장미
- 상징적 동물 : 사자, 여우, 배져(badger 오소리)
- 인기스포츠 : rugby(럭비), cricket(크리킷)
- 기　　후 : 해양성 기후로 밤과 낮, 여름과 겨울의 기온 차가 적으며 흐리기 쉽고 비가 많은 편이다. 체감온도는 상당히 낮아서 여행객은 코트 등을 준비해 가야한다.

■ 꼽히는 관광명소

Tower of London/Tower Bridge 　타워 부리지

Buckingum Palace 　버킹엄 팰리스 　　　버킹엄 궁전

Parliament/Whitehall 　와잇트 홀 　　　영국관청 소재지역

Westminster Abbey 　웨스트민스터 애비 　웨스트민스터 성당

St Paul's Cathedral 　세인 폴즈 커스드럴 　성바울 대성당

Hyde Park 　하이드 팍 　　　　　　런던의 공원

British Museum 　부리티쉬 뮤지엄 　　　대영박물관

Piccadilly Circus 　피커딜리 써커스 　　　런던번화가의 중심광장

Stratford-on-Avon 　스트렛퍼드 온 에이번(영국 중부지방의 도시로 Shakespeare의 출생지이다).

프랑스 THE FRENCH REPUBLIC

- ● 면　　적 : 54만 7천 km²
- ● 종　　교 : 천주교 91%, 회교, 개신교, 유태교
- ● 국　　화 : 백합
- ● 상징적 동물 : 닭
- ● 인기스포츠 : 축구, 럭비, 테니스
- ● 기　　후 : 대부분이 온대지역이지만 지역적으로 차이가
　　　　　　있다. 연 평균기온은 11℃～12℃. 12월에서 2
　　　　　　월중이 가장 낮고 7～8월이 가장 높다.
　　　　　　고산악성 기후, 대서양성 기후, 지중해성 기후
　　　　　　그리고 대륙성 기후까지 고루 나타낸다.

■ 꼽히는 관광명소

개선문, 에펠탑, 노트르담 대성당, 엘리제궁, 루브르박물관,
바시티유 광장, 앵발리드, 오페라좌, 콩코르드 광장,
몽마르트르 언덕, 19세기 박물관, 시청, 경시청, 샤이오궁,
미결수감옥과 부속 성당, 지하무덤(카타콩부),
나르강변의 고성채, 베르사이유 궁전, 샹티이성,
퐁텐블로성, 노르망디 상륙작전지역

스위스 THE SWISS CONFEDERATION

- **면　　적** : 4만 1300km²
- **종　　교** : 카톨릭, 신교
- **국　　화** : 에델바이스
- **상징적 동물** : 사슴
- **인기스포츠** : 아이스하키, 스키, 승마, 수중잠수, 테니스
- **기　　후** : 좁은 국토에 서쪽의 대양성기후와 동쪽의 대
　　　　　　류성기후의 영향을 받아 지역별 기후의 차이
　　　　　　가 있으며 경치 또한 여러 모양을 보인다.
- **언　　어** : 독일어, 불어, 이태리어, 로만쉬어, 기타
- **예　　절** : 식사후 코푸는 것은 실례가 아니지만 식사중
　　　　　　소리를 내면 실례가 된다.
- **특　　징** : 우리나라처럼 사계절이 있으나 여름은 우리나
　　　　　　라보다 덜 덥고 겨울은 우리나라보다 덜 추운
　　　　　　것이 특징이다.

■ 꼽히는 관광명소

몽불랑, 융프라우, 마터호른의 알프스 3대 관광지.
그외 리틀리스, 리기산, 필라투스, 샌티스산 등의 알프스 관광
지. 츄리히호, 레만호, 보덴호수, 루젠른호 등은 호수관광지
이며 아파마레온천, 라인강폭포, 루가노휴양지, 쮸어짜아온천
등이 있다.

THE UNITED STATES of AMERICA

- 면　　적 : 937만 km²
- 종　　교 : 신교, 카톨릭교
- 국　　화 : 각주별로 다름
- 국　　기 : 독수리표가 미국의 국장
- 인기스포츠 : 미식축구, 야구, 농구 등
- 기　　후 : 열대에서 한대까지 고루 걸쳐있다.
　　　　　　 북부는 냉대에 속하여 겨울에는 눈바람이 휘
　　　　　　 몰아치는 한파가 온다. 서경 100°를 경계로
　　　　　　 하여 서쪽지방은 건조지대이다. 태평양 연안지
　　　　　　 역은 온화한 기후가 이어지지만 멕시코만, 대
　　　　　　 서양쪽의 중남부지방은 돌풍이나 허리케인 발
　　　　　　 생이 잦다.

■ 꼽히는 관광명소

워싱턴 지역 : 백악관, 국회의사당, 알링턴 국립묘지, 워싱턴
　　　　　　　 마뉴먼트, 제퍼슨기념관, 스미소니언 박물관

뉴욕 지역 : 엠파이어스때이트, 월드추레이드센터, 자유의 여
　　　　　　 신상, 그린위치빌리지, UN본부, 웨스트포인트,
　　　　　　 링컨센터, 성패추릭성당, 록펠러센터

필라델피아 지역 : 자유의 종, 독립기념관

플로리다 지역 : 디즈니월드, 케네디스페이스센터

오대호 지역 : 나이아가라 폭포

시카고 지역 : 시어타워

주요관광국

캐나다 CANADA

정보소개

- 면　　적 : 992만 2천 km²
- 종　　교 : 카톨릭교, 신교
- 국　　화 : 단풍나무잎
- 상징적 동물 : 비―버(beaver 해리)

　　　　　　설치류에 딸린 포유동물. 북부의 기온이 찬
　　　　　　지방에 사는 영리하고 헤엄도 잘 치는 동물이
　　　　　　며 몸 크기는 80cm가량. 털가죽은 값이 비쌈.

- 인기스포츠 : 아이스 하키
- 기　　후 : 북반구에 있어서 추울때는 기온이 ― 20℃ 이
　　　　　　하로 떨어진다.

　　　　　　터란토를 중심으로 북쪽으로 올라갈수록 춥고
　　　　　　겨울이 길어진다 (11월에서 다음해 3월까지).
　　　　　　벤쿠버 중심의 서부연안지역은 태평양 난류의
　　　　　　영향을 받아 여름은 신선하고 건조하지만 겨
　　　　　　울에는 영상 약10℃의 온화하고 습한 날씨가
　　　　　　이어진다.

■ 꼽히는 관광명소

　나이가라폭포(터란토에서 약 150km 지점)
　카사노바 궁전, 뱀프(Banff) 국립공원
　CN타워(세계에서 제일 높은 타워)

KINGDOM of SAUDI ARABIA

- **면　　적** : 214만 9,690km²
- **종　　교** : 이슬람교
- **국　　화** : 대추야자수(dates tree)
- **상징적 동물** : 낙타
- **인기스포츠** : 축구
- **기　　후** : 서부지역은 홍해를 동부지역은 걸프만을 끼고 있어서 여름철인 4～10월 기간은 대개 42℃ 정도이며 11～3월 동안은 25～30℃ 수준이다. 수도 리야드를 중심으로 중부지방은 사막성기후의 영향으로 4～10월 동안 여름철은 50℃까지 기온이 오르고 겨울철인 11～3월 동안은 서늘하고 밤에는 영하로 뚝 떨어지기도 한다.
- **특　　징** : 알콜 성분의 초코렛과 노출이 심한 여자사진 등이 게재된 물건이나 카타로그 등은 통관시 압수처분된다.
  이슬람 율법상 술과 여자는 절대 금기 사항이다.

■ 꼽히는 관광명소

메커(Mecca=Mekka 이슬람교의 성도)

미디너(Medina Mohammed의 묘가 있음)

홍해 연안의 수상스포츠로 윈드서핑, 요트, 스쿠버다이빙 등이 있다.

입국 절차

　*입국: 주로 프랑크푸르트 공항을 통해 입국하거나 기차를 통해 입국하게 된다.

　*공항의 경우 세계에서 가장 복잡하다고 소문이 난 곳이다.

　*공항 역에서 프랑크푸르트 중앙역까지는 독일 기차가 이어져 있어 유레일패스가 있다면 무료로 탑승할 수 있다.

　*기차의 경우 뮌헨이나 프랑크푸르트, 베를린 등의 대도시 역으로 입국할 경우가 많은데 별다른 점이 없다. 독일어로 바뀌어진 안내서와 분위기만이 독일이라는 것을 알려줄 뿐이다.

　*비자　3개월 동안 무비자 체류가 가능하다.

　이민국 직원이 묻는 것은

　(1) 여권을 보여 주시겠습니까?

　(2) 방문 목적은 무엇입니까?

　(3) 얼마동안 머무르실 계획이십니까?

　(4) 돌아갈 항공권을 갖고 계십니까?

　(5) 입국카드를 보여주시겠습니까?

입국 심사관

아인라이제콘트롤레
Einreisekotrolle

세관원

쫄베암테
Zollbeamte

여권

라이제파스
Reisepaß

입국카드

아인라이제카르테
EinreiseKarte

~을 보여주시겠습니까?

쾌ㄴ넨 지~ 짜이겐
Können Sie ~ zeigen?

~의 목적

쯔벡
Zweck

얼마동안 ~할 예정입니까?

비 랑에 블라이 벤 지~
Wie lange bleiben Sie ~

상황

여권을 보여주시겠습니까?

이렌 파스 비테

Ihren Paß, bitte!

⟶ 입국 심사

입국심사관 : 여권을 보여주시겠습니까?

이렌 파스 비테
Ihren Paß, bitte!

여행객 : 여기 있습니다.

히어 비테
Hier, bitte.

입국심사관 : 입국카드를 보여주시겠습니까?

이레 아인라이제카르테 비테
Ihre Einreisekarte, bitte!

여행객 : 여기 있습니다.

히어 비테
Hier, bitte!

입국심사관 : 방문 목적은 무엇입니까?

바스 이스트 데어 쯔벡 이어러 라이제
Was ist der Zweck Ihrer Reise?

여행객 : 관광입니다(사업입니다).

이히 빈 푸리스트 (게쉐프틀리히)
Ich bin Tourist (geschäftlich)

입국심사관 : 돌아가실 항공권은 있습니까?

하벤 지 아후 아인 티켓 퓨어 덴 뤽플룩
Haben Sie auch ein Ticket Für den Rückflug.

여행객 : 네, 있습니다.

야 이히 하베 아인스
Ja, Ich habe eins.

입국심사관 : 얼마동안 머무르실 계획이신가요?

비 랑에 블라이벤 지 히어
Wie lange bleiben Sie hier?

여행객 : 10일 동안입니다.

쩬 타게
Zehn Tage.

상황 7

아니오, 신고할 것이 없습니다

나인 이히 하베 니히츠 쭈 데클라리어렌
Nein, ich habe nichts zu deklarieren.

세관원과의 대화

세관원 : 신고하실 물건이 있습니까?

하벤 지 바스 쭈 페어쫄렌
Haben Sie was zu verzollen?

여행객 : 아니오. 신고할 것이 없습니다.

나인 이히 하베 니히츠 쭈 데클라리렌
Nein, ich habe nichts zu deklarieren.

세관원 : 가방 좀 열어보실까요?

뷰르덴 지 비테 아인말 이어레 타쉐 외프넨
Würden Sie bitte einmal Ihre Tasche
öffnen?

여행객 : 네, 그러죠.

야 게르네
Ja, gerne.

세관원: **담배나 술·향수를 갖고 계십니까?**

하벤 지 찌가레텐 알코홀 파품
Haben Sie Zigaretten, Alkohol, Parfüm?

여행객: **네, 이것들은 제 개인물품입니다.**

야 이히 하베 누어 게브라욱스게겐슈탠데
Ja, ich habe nur Gebrauchsgegenstände.

세관원: **이것은 무엇입니까?**

바이 이스트 덴 다스
Was ist denn das?

여행객: **친척에게 줄 선물입니다.**

다스 이시트 아인 게쉥크 퓨어 페어반테
Das ist ein Geschenk für Verwandte.

세관원: **감사합니다. 즐거운 여행 되십시오.**

당케 구테 라이제
Danke, Gute Reise.

입국신고서 · 세관신고서

   입국신고서나 세관신고서 등에는 사실대로 써 넣어야 합니다. 사실과 다를 때에는 뜻밖의 곤경을 겪을 수도 있습니다. 공항에는 보세창고 역할을 하는 수하물 보관소(consigne)가 있습니다. 전혀 쓸 일이 없거나 통관이 어려운 물건은 이곳에 맡겨 두었다가 출국할 때 찾으면 편리합니다.

   이 때 반드시 보관증을 받아두었다가 공항에 도착해서 수하물을 찾을 때는 항공편 번호를 기억해 두었다가 그 번호가 표시된 수하물 찾는 곳에 가서 찾습니다.

여행객 :   **이것이 나의 세관신고서입니다.**

다스 이스트 마이네 쫄에어클레룽
Das ist meine Zollerklärung.

수하물 보세창고에 맡겨주십시오.

이히 뫼헤테 마인 게펙 임 쫄하우스 압게벤 라센
Ich möchte mein Gepäck im Zollhaus abgeben lassen.

보관증을 주시겠습니까?

쾬넨 지 미어 아우프베바룽스솨인 게벤
Können Sie mir Aufbewahrungsschein geben?

입국신고서

아인라이제안멜둥
Einreiseanmeldung.

세관신고서

쫄에어클레룽
Zollerklärung.

보세창고

파크 하우스 쫄슈파이혀
Packhaus, Zollspeicher.

통관수속

쫄콘트롤레
Zollkontrolle.

통관신고서

쫄 안가베
Zollangabe.

수하물 찾는 곳

게펙획가베
Gepäckrückgabe.

수하물표

게펙쉐인
Gepäckschein.

환 전

독일의 화폐 단위

독일의 화폐 단위는 Mark(마르크)와 Pfennig(페니히)이다. 100 페니히는 1마르크이고, 1마르크는 약 600원이다.

유로화에 대하여

유로화는 2002년 1월부터 은행계정과 현금거래에 통용되는 유럽연합 15개국(그 중 유로화를 도입한 국가는 12개국으로 영국, 스웨덴 그리고 덴마크는 제외)의 공식 화폐이다.

2002년 1월부터 일반인들도 자국의 구화폐와 더불어 신용카드와 현금 결제로 본 지폐를 사용할 수 있으나, 2002년 2월 28일 이후부터 구화폐와 주화의 통용이 정지된다.

지폐는 각기 다른 도안과 크기로 500, 200, 100, 50, 20, 10, 5. 유로의 총 7가지가 발행된다. 지폐 도안은 오스트리아 중앙은행의 디자이너 칼리나(Robert Kalina)가 디자인 한 것으로 유럽 역사를 상징하는 건축물을 형상화 하였다.

주화는 8종류로 1, 2 유로와 50, 20, 10, 5, 2 그리고 1센트로 발행된다. 모든 주화는 앞면에는 유럽대륙을 상징하는 기본 문양으로 통일하였고, 뒷면에는 경제화폐동맹에 가입한 11개국의 모티브를 범유럽 차원의 이미지로 창출하였다.

실례지만 환전소가 어디에 있습니까?

엔트슐디궁 보 칸 이히 겔트 벡셀른

Entschuldigung, wo kann ich Geld wechseln?

환전소에서 (1)

환전소 : **도와드릴까요?**

바스 칸 이히 퓨어 지 툰
Was kann ich für Sie tun?

여행객 : **환전해 주세요.**

이히 뫼헤테 겔트 벡셀른
Ich möchte Geld wechseln.

환전소 : **어떻게 바꿔드릴까요?**

비 뫼헤텐 지 다스 겔트 하벤
Wie möchten Sie das Geld haben?

여행객 : **잔돈으로 부탁합니다.**

게벤 지 미어 비테 에뜨바스 클라인겔트
Geben Sie mir bitte etwas Kleingeld.

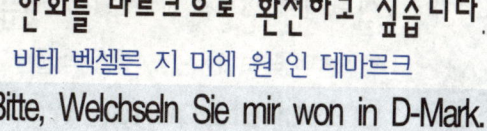

한화를 마르크으로 환전하고 싶습니다.

비테 벡셀른 지 미에 원 인 데마르크
Bitte, Welchseln Sie mir won in D-Mark.

환전소 에서 (2)

여행객 : 100 달라를 독일마르크화로 환전해 주세요.

비테 벡세렌 지 미어 아인훈데르트 돌라 인 데-마르크
Bitte wechseln Sie mir 100 Dollar in D-Mark.

환전소 : 어떻게 바꿔드릴까요?

비 뫼헤텐 지 다스 겔트 하벤
Wie möchten Sie das Geld haben?

여행객 : 백마르크짜리 1장하고 20마르크짜리 5장으로 부탁합니다.

아인 훈데르트 마르크쉐인 운트 퓜프 쯔반찌히 마르크쉐이네 비테
100 Markschein und 5 20 Markscheine, bitte.

환전소 : 싸인해 주십시오.

운터슈리프트 비테
Unterschrift, bitte.

독일엔 뭔가 특별한 것이 있다!

* 유럽의 심장부에 위치하여 일찍부터 라인강(1,320km)을 중심으로 예술과 문화를 일으킨 독일의 얼굴에서는 칸트나 헤겔을, 음악에서는 베토벤이나 바하를, 문학에서는 괴테나 쉴라를, 신앙인은 루터를, 자동차 기술에는 벤츠나 BMW 등 여러 분야에서 나타난다.유럽의 다른 나라와 달리 여러 공국의 분활통치의 결과로 그림같은 중세 혹은 그 이전의 성들을 가지며 예술,문화,철학의 거인들의 삶의 자치를 여러 곳에서 만나고 그 향기에 잠긴다. 경제 부흥의 라인 강변에서 로렐라이의 낭만과 포도밭의 정취를 느끼며, 대학의 도시 하이델베르그에서는 고성의 이끼를, 살아있는 고도 로텐부르그에서는 중세의 맛을 체험한다. 통독후 새로이 열린 동베를린 지역과 동독의 옛 도시들이 유럽과 북미, 일본에서는 새로운 관광지로 각광 받고 있다.

기본상식

*기 후

- 함부르크를 중심으로 북서부는 해양성기후, 프랑크프프트, 뮌헨같은 내륙 깊숙한 곳은 대륙성 기후로 구분되며 전체적으로 여름에 덥지 않고 겨울에도 기타 지역에 비교하여 덜 추운 기후를 가지고 있다. 그러나 기온의 변화가 심해 여름에는 얇은 스웨터나 가디건을 준비하는 것이 좋다. 복장은 사계절에 맞게 준비하되 항

상 비에 대비한 복장을 갖추는 것이 필요하다. 물론 여행을 하기에 가장 좋은 시기는 봄, 가을인 5월, 10월이며 가을의 수확제 의미를 가진 10월제는 남부 바바리아 지방을 여행하기에 가장 좋은 계절임을 알려준다.

* 수도 : 본
* 위치 : 유럽 중서부
* 면적 : 357,042 평방 Km
* 인구 : 7,988 만명 (91 년도)/인구밀도: 217 명(평방 Km)
* 종교 : 신교(47%)구교(36%) 무종교(13%) 보슬렘(2%) 기타(2%)
* 언어 : 독어, 불어, 영어
* 시차 : 우리 나라보다 8 시간 늦음.(SUMMER TIM 실시할 경우 7 시간)
* 특산물 : 카메라, 공예품, 민예품, 식기, 스포츠 용품 등

* 한국으로의 전화

- 호텔에서 전화를 이용할 경우: 0 또는 9번(외부전화 접속, 호텔마다 확인요) + 00 + 82 + 0 을 뺀 지역번호 + 전화번호

- 공항 또는 시내의 국제전화가 가능한 공중전화를 이용할 때: 00 + 82(한국 국가번호) + 0 을 뺀 지역번호 + 전화번호

ex) 서울 725-6000 으로 전화할 경우 : 00 + 82 + 2 + 725-6000

- 한국통신 교환원 서비스: 0800-0800-082

* 비상 전화번호

- 경찰: 110. 화재: 112

* 현지연락처

- 주 독일 한국 대사관: 0228) 267960

- 주 프랑크푸르트 한국 총영사관: 069) 56-3051

- 주 베를린 한국 총영사관: 030) 8859550

- 한국관광공사 프랑크푸르트 지사: 069) 23-3226

- 대한항공 프랑크푸르트 지점: 069) 23-9201/3

- 아시아나 프랑크푸르트 지점: 069) 913-3500

* 항공편 : 국적기인 Lufthansa 는 전세계적으로 가장 안전한 비행기로 인정을 받고 있으며 완벽한 지상 교통시스템과의 연결로도 유명하다. 대도시간을 연결하고 있으며 비행 시간이 짧거나 거리가 가까운 도시는 Lufthansa Express 라는 초특급 기차로서 연결되고 있다.

* 기차편 : 일반적인 도로를 Bahn 이라고 하는데 이 도로는 그위를 다니는 교통 수단에 의해 이름이 지어진다. 그중 독일의 기차는 정말 거미줄망이며 치밀하게 관리되고 있어 연착하는 경우는 드물다. 독일의 국철은 DB 라고 하며 Deutch Bundesbahn 의 약자이다. 얼마전 우리나라의 경부고속철도를 놓고 프랑스의 T.G.V 와 경합을 벌인 일도 있었다. 독일을 여행하려 한다면 기차 이용을 권하고 싶다. 독일의 기차 여행은 독일 철도 패스를 이용하면 된다.

* 기타 교통편 : Autobahn 하면 초스피드로 달릴 수 있는 고속도로의 대명사로 불리운다. 2차대전의 히틀러가 만든 도로들이

아직도 쓸 수 있는 멋진 도로로 이용되고 있다. 이런 도로들이 독일의 자동차 산업을 일으킨 것이 아닌가 하는 생각이 들 정도이다. 무제한 속도를 허용하는 이 곳을 이용하고 싶다면 차를 빌리는 것이 상책이다. 사고 보험은 꼭 들도록!!!

주요날

*1 월 1 일 : Neujahr(설날)

*4 월 : 부활절

*5 월 1 일 : 노동절

*5 월 24 일(23 일) : 그리스도 승천 축일

*6 월 3-4 일(2-3 일) : 성령 강림 축일

*6 월 17 일 : 독일 통일의 날

*10 월 3 일 : 독일 통일의 날

*11 월 1 일 : 만성절

* 11 월 21 일(20 일) : 속죄일

* 12 월 25 일 : 크리스마스

상 황

오늘밤 투숙할 더블룸을 예약하고 싶은데요. 이용할 수 있는 방이 있습니까?

이히 뫼헤테 아인 도펠찜머 퓨어 호이테
아벤트 부헨 라센 하벤 지 아인 찜머 프라이

Ich möchte ein Doppelzimmer für heute abend buchen lassen Haben Sie ein Zimmer frei?

➤ 전화로 호텔예약(1)

호텔예약부 : 슐로스호텔입니다. 도와드릴까요?

할로 호텔 슐로스
Hallo! Hotel Schloß.

바스 칸 이히 퓨어 지 툰
Was kann ich für Sie tun?

여행지 공항에 도착하여 모든 입국절차를 마치고 출구를 통하여 로비에 나온 여행객은 그곳에 있는 환전소에서 우선 현지통화의 환전이 필요합니다. 로비에는 환전소 뿐만 아니라, 호텔 예약카운터, 관광안내소 그리고 랜트카 카운터가 있습니다.

여행객 :   네, 한국에서 온 관광객입니다.
오늘밤 묵을 전망이 좋은 방을 예약하고 싶습니다.
쓸 방이 있습니까?

이히 빈 투리스트 아우스 코레아
이히 뫼히테 아인 찜머 미트 쉐너 아우스지히트 퓨어
호이테 아벤트 부헨 라센
하벤 지 아인 찜머 프라이
Ich bin Tourist aus Korea.
Ich möchte ein Zimmer mit schöner
Aussicht für heute abend buchen
lassen. Haben Sie ein Zimmer frei?

호텔예약부 :   네, 있습니다.
당장 쓰실 것이 있습니다.
성함을 불러주실까요?

야 비어 하벤 아인스 퓨어 지
이어 나메 비테
Ja, wir haben eins für Sie.
Ihr Name, bitte.

호텔예약부 :	호텔 예약부입니다. 도와드릴까요?

할로 칸 이히 이넨 헬펜
Hallo. kann ich Ihnen helfen?

여행객 :	방을 예약하고 싶습니다. 방 요금이 얼마입니까?

이히 뫼헤테 아인 찜머 레져비어렌
비 필 코스테트 다스 찜머
Ich möchte ein Zimmer reservieren.
Wie viel kostet das Zimmer?

예약부 :	하룻밤에 100D.M입니다.

에스 코스테트 아인 훈데르트 마르크 프로 나하트
Es kostet 100D.M pro Nacht.

여행객 :	싼 것들도 있습니까?

하벤 지 빌리거레스
Haben Sie Billigeres?

예약부 : 네, 있습니다.
일박에 70D.M 짜리도 있습니다.

야 비어 하벤 아인 찜머
집찌히 마르크 프로 나하트
Ja, wir haben ein Zimer.
70D.M pro Nacht.

여행객 : 그것으로 하겠습니다.
나의 이름은 김인호입니다.

이히 네메 다스 찜머
마인 나메 이스트 김인호
Ich nehme das Zimmer.
Mei, Name ist Kim, In-ho.

여행객 :	그 호텔까지 무얼 타고 가지요?

비 칸 이히 쭘 호텔
Wie kann ich zum Hotel?

예약부 :	셔틀버스를 타시면 여기에 오실 수 있습니다.

지 쾬넨 밋뎀 부스 히어 콤멘
Sie können mit dem Bus hier kommen.

여행객 :	얼마나 자주 운행합니까?

비 오프트 콤트 에어
Wie oft kommt er?

예약부 :	십분마다 출발합니다.

에스 페르트 알레 첸 미누텐 압
Es fährt alle zehn Minuten ab.

여행객 : **실례지만 셔틀버스는 어디에서 탑니까?**

엔트슐리궁
Entschuldigung!

보 칸 이히 덴 부스 네멘
wo kann ich den Bus nehmen?

보행인 : **저기에 큰 푯말이 보이십니까?**

젠 지 다스 쉴트 도르트
Sehen Sie das Schild dort?

여행객 : **네, 보입니다.**

야 이히 제 에스 숀
Ja, ich sehe es schon.

도와주셔서 감사합니다.

당케 퓨어 이레 힐페
Danke für Ihre Hilfe.

보행인 : **천만에요.**

비테 쇤
Bitte schön.

상황

하이델 베르그 호텔까지 갑시다.

브링링 지 미어 쫌 하이델베르그 호텔 비테

Bringen Sie mir zum Heidel-berg Hotel, bitte.

11

택시 기사에게

여행객 : 실례입니다만 가장 가까운 택시 승차장이
어디에 있습니까?

엔트슐디겐 지
Entschuldigen Sie,

보 이스트 데어 네헤스테 탁시슈탄트
wo ist der nächste Taxistand?

보행인 : 너무 지나쳐 오셨군요.

지 진트 쮜 바이트 게강엔
Sie sind zu weit gegangen.

조금만 오던 길로 돌아가십시오.

겐 지 아인비스현 덴 벡 쭈릭
Gehen Sie einbißchen den Weg zurück,

덴 지 게콤멘 진트
den Sie gekommen sind.

여행객 : **감사합니다.**

당케
Danke.

여행객 : **여기가 택시 타는 곳입니까?**

칸 만 히어 아인 탁시 네멘
Kann man hier ein Taxi nehmen?

택시기사 : **네, 타십시오. 손님**

야 비테 슈타이겐 지 아인
Ja, bitte steigen Sie ein!

어디로 모실까요?

보힌 뫼헤텐 지
Wohin möchten Sie?

여행객 : **하이텔 베르그 호텔까지 가주세요.**

쭘 하이텔 베르그 호텔 비테
Zum Heidelberg Hotel, bitte.

택시기사 : **알겠습니다.**

알레스 콜라
Alles klar.

상 황

여기가 어디쯤 되는지 모르겠네.

이히 바이스 니히트 보 이히 빈 게라데 히어

Ich weiß nicht, wo ich bin gerade hier.

길을 잃었을 때

여행객 : 실례입니다만 저는 여기가 초행인데 길을 잃었습니다. 여기가 어디쯤 됩니까?

엔트슐디궁 이히 빈 프렘트 히어 이히 하베 미히 페어로렌 보 빈 이히
Entschuldigung. Ich bin fremd hier Ich habe mich verloren. Wo bin ich?

경찰관 : 여기 지도가 있습니다. 계신 곳이 바로 여기입니다.

히어 이스트 슈타트가르테 지 진트 게라데 히어
Hier ist Stadtkarte. Sie sind gerade hier.

여행객 : 이제 대강 알겠습니다.

아하 소
Ach so.

경찰관 : **어디로 가길 바라십니까?**

보힌 볼렌 지 겐
Wohin wollen Sie gehen?

여행객 : **박물관에 가려구요.**

이히 뫼헤테 쭘 뮤제움 게엔
Ich möchte zum Museum gehen.

경찰관 : **길을 잘못 드셨습니다.**
이 길로 가시면 반대방향으로 가시는 겁니다.

지 진트 아우프 뎀 팔쉔 벡
디저 벡 퓨르트 인 디 엔트게겐게겟츠테 리히퉁
Sie sind auf dem falschen weg.
Dieser Weg führt in die entgegengesetzte
Richtung.

오던 길로 2,3분만 걸어가십시오.

게엔 지 쯔바이-드라이 미누텐 덴 벡 쭈릭 덴 지 게콩
멘 진트
Gehen Sie 2-3Minuten den Weg zurück,
den Sie gekommen sind.

김인수란 이름으로 예약을 하고 왔습니다.

이히 하베 미히 아우프 덴 나멘 킴 레저비어트

Ich habe mich auf den Namen Kim reserviert.

13

▶ 숙박절차를 밟을 때

호텔접수계원 : **도와드릴까요?**

바스 칸 이히 퓨어 지 툰
Was kann ich für Sie tun?

여행객 : **김인수란 이름으로 예약했었습니다.**

이히 하베 미히 아우프 덴 나멘 킴 레저비어트
Ich habe mich auf den Name Kim reserviert.

호텔접수계원 : **아, 네 숙박신고서에 기록하십시오.**

아하 소 퓔렌 지 비테 다스 안멜데포물라 아우스
Ach so. Füllen Sie bitte das Anmelde-formula aus!

여행객 : **호텔 요금이 얼마입니까?**

비 필 코스테트 다스 찜머
Wie viel kostet das Zimmer?

호텔접수계원 : 하룻밤에 80D.M 프랑입니다.

에스 코스테트 아하찌히 마르크 프로 나하트
Es kostet 80D.M pro Nacht.

여행객 : 여기 있습니다.

히어 비테
Hier, bitter.

호텔접수계원 : 505 호실입니다.

찜머 505 비테
Zimmer 505, bitte.

벨 보이가 방으로 안내해 드립니다.

운저 콜레게 퓨르트 지 쫌 찜머
Unser Kollege führt Sie zum Zimmer.

상 황　**내일 아침 7시에 두 사람이 할 식사를 주문하고 싶습니다.**

이히 뫼헤테 퓨어 모르겐 푸뤼 움 지벤
우어 아이넨 티쉬 퓨어 쯔바이 페르조넨 베슈텔렌

14

Ich möchte für morgen früh um sieben
Uhr einen Tisch für 2 Personen bestellen.

⟶ 방에서 식사를 주문할 때

방서비스계 : 도와드릴까요. 손님?

칸 이히 이넨 헬펜
Kann ich Ihnen helfen?

여행객 : 내일 아침 7시에 두 사람이 할 식사를 주문하고
싶습니다.

이히 뫼헤테 퓨어 모르겐 푸뤼 움 지벤
우어 아이넨 티쉬 퓨어 쯔바이 페르조넨 베슈텔렌
Ich möchte für morgen fruh um sieben
Uhr einen Tisch für 2 Personen
bestellen.

serveur : 무얼 드시겠습니까?

바스 뷘센 지
Was wünschen Sie?

여행객 : 반숙계란과 베이컨, 도마도주스 버터 바른 빵과 커
피면 되겠습니다.

디 바이히게코흐텐 아이어 슁켄
브로천 미트 부터 운트 카페 비테
Die weichgekochten Eier, Schinken,
Brötchen mit Butter und Kaffee, bitte.

serveur : 잘 알았습니다. 손님

알레스 클라
Alles klar!

상황 7시에 두 사람이 식사할 테이블을 예약하고 싶습니다.

이히 뫼헤테 움 지벤 우어 아이넨 티쉬 퓨이 쯔바이 페르조넨 레저비어렌 라센

Ich möchte um 7 Uhr einen Tisch für 2 Personen reservieren lassen.

➡️ 시내식당에서 식사하고 싶을 때

식당접수원 : 아리랑 레스토랑입니다. 도와 드릴까요?

아리랑 레스티우란트 바스 칸 이히 퓨어 지 툰
Arirang Restaurant.
Was kann ich für Sie tun?

여행객 : 네. 7시에 두 사람이 식사할 테이블을 예약하고 싶습니다.

이히 뫼헤테 움 지벤 우어 아이넨 티쉬 퓨이
쯔바이 페르조넨 레저비어렌 라센
Ich möchte um 7 Uhr einen Tisch für
2 Personen reservieren lassen.

식당접수원 : 성함을 대주십시오.

아어 나메 비테
Ihr Name, bitte.

여행객 : 김인호입니다.

인호 김
In-ho Kim

식당접수원 : 7시에 2인용 테이블 미스터 김?

알즈 움 지벤 우어 아인 티쉬 퓨어 쯔바이
페르조넨 미스터 김
Also um 7 Uhr ein Tisch für 2
Personen, Mr. Kim?

여행객 : 그렇소

리히티히
Richtig.

식당접수원 : 감사합니다. 그때 뵙겠습니다.

당케 쇤 비스 단
Danke schön. Bis dann!

시내식당에서 식사하고 싶을 때

오늘의 특별음식이 무엇입니까?

바스 이스트 타게스메뉴 폰 이넨

Was ist Tagesmenü von Ihnen?

➤ 시내 식당에서

Waiter : 주문을 받을까요?

바스 뫼헤텐 지 베슈텔렌
Was möchten Sie bestellen?

여행객 : 오늘의 특별음식이 무엇입니까?

바스 이스트 타게스메뉴 폰 이넨
Was ist Tagesmenü von Ihnen?

Waiter : 구운 돼지고기와 감자입니다.

슈바인브라텐 미트 카토펠른
Schweinbraten mit Kartoffeln.

여행객 : 좋아요. 그걸 먹겠습니다.

굿 이히 네메 에스
Gut, ich nehme es.

Waiter : **마실 것은 무얼 드릴까요?**

쭘 트링켄
zum Trinken?

여행객 : **오랜지주스로 하겠습니다.**

아인 글라스 오랑제자프트 비테
ein Glas Orangesaft, bitte!

Waiter : **네. 무슨 스프를 드릴까요?**

운트 주페
und Suppe?

여행객 : **양파 스프로 주세요.**

쯔버벨 주펜 비테
Zwiebel Suppe, bitte.

Waiter : **후식을 드시겠어요?**

뫼헤텐 지 아후 나하티쉬
Möchten Sie auch Nachtisch?

여행객 : **커피와 사과파이로 하겠습니다.**

아이네 타세 카페 운트 압펠쿠헌 비테
Eine Tasse Kaffee und Apfelkuchen,
bitte!

상황 17

비타민을 팝니까?

하벤 지 아후 비타미네
Haben Sie auch Vitamine?

쇼핑할 때 (약국에서) (1)

약 국: 도와드릴까요?

칸 이히 이넨 헬펜
Kann ich Ihnen helfen?

여행객: 네, 비타민을 팔고 있습니까?

하벤 지 아후 비타미네
Haben Sie auch Vitamine?

약 국: 비타민 B. C. E. 종합비타민 중에서 무엇을 드릴까요?

바스 퓨어 아인 비타미네 뫼헤텐 지
Was für ein Vitamine möchten Sie?

여행객 :   종합비타민을 주세요.

물티 비타미네 비테
Multi Vitamine, bitte!

약 국 :   당신이 복용하실건가요?

이스트 에스 퓨어
Ist es für Sie?

여행객 :   아니오, 부인이 쓸 것입니다.

나인 퓨어 마이네 프라우
Nein, für meine Frau.

약 국 :   그러시면 이걸 써 보시라고 하세요.
         틀림없이 마음에 드실겁니다.

단 엠펠레 이히 이어 디제스 비디미네
다스 무스 이어 게팔렌
Dann empfehle ich ihr dieses Vitamine.
Das muß ihr gefallen.

상 황

입냄새 제거약 주세요

이히 헤테 게른 아인 미텔 게겐 문트게루흐

Ich hätte gern ein Mittel gegen Mundgeruch.

약국에서 (2)

약 국:

도와드릴까요?

칸 이히 이넨 헬펜
Kann ich Ihnen helfen?

여행객:

입냄새 제거약 주세요.

이히 헤테 게른 아인 미텔 게겐 문트게루흐
Ich hätte gern ein Mittel gegen Mundgeruch.

약 국:

여기 있습니다. 그 밖에 또?

히어 비테 브리우헨 지 노흐 에트바스
Hier, bitte. Brauchen Sie noch etwas?

여행객:

기침약 주십시오.

후스텐미텔 비테
Hustenmittel, bitte.

여행객 : **코막힐 때 먹는 약 주십시오.**

게벤 지 미어 비테 아인 메티가멘트 게겐 슈늡펜
Geben Sie mir bitte ein Medikament gegen Schnupfen.

설사약 좀 주십시오.

게벤 지 미어 비테 아인 메디카멘트 게겐 두르히팔
Geben Sie mir bitte ein Medikament gegen Durchfall.

알러지 증세에 먹는 약 주십시오.

게벤 지 미어 비테 에트바스 게겐 알레르기
Geben Sie mir bitte etwas gegen Allergie.

입술이 터질 때 쓰는 약 주십시오.

게벤 지 미어 비테 에트바스 게겐 트로크네 립펜
Geben Sie mir bitte etwas gegen trockene Lippen.

종합감기약 주십시오.

게벤 지 미어 비테 아인 메디카멘트 게겐 에어켈퉁
Geben Sie mir bitte ein Medikament gegen Erkältung.

상황

저 카메라를 보고 싶습니다.

이히 헤테 게른 디제 카메라 제엔
Ich hätte gern diese Kamera sehen.

카메라점에서

가게주인 : **도와드릴까요?**

비테 쇤
Bitte, schön?

여행객 : **저 카메라를 보고 싶습니다.**

이히 헤테 게른 디제 카메라 제엔
Ich hätte gern diese Kamera sehen.

가게주인 : **방금 나온 신형입니다.**

지 이스트 아인 노이에스 모델
Sie ist ein neues Modell.

여행객 : **이 카메라 값이 얼마입니까?**

비 필 코스테트 디제 카메라
Wie viel kostet diese Kamera?

가게주인 : 네, 그렇습니다. 정찰제입니다.

야 다스 이스트 페스테 프라이스
Ja, das ist feste Preis.

여행객 : 여행자수표로 지불하고 싶습니다.

이히 뫼헤테 미트 라이제쉑스 베찰렌
Ich möchte mit Reiseschecks bezahlen.

가게주인 : 괜찮습니다.

굿
Gut.

여행객 : 여기 있습니다.

히어 비테
Hier, bitte.

가게주인 : 즐거운 관광여행 하십시오.

이히 분쉐 이넨 아이네 구테 라이제 노호
Ich wünsche Ihnen eine gute Reise, noch!

쇼핑할 때

실례지만 부탁 한가지 해도 될까요?

엔트술리겐 지 비테 칸 이히 이넨 에트바스 비텐

Entschuldigen Sie bitte, kann ich Ihnen etwas bitten?

관광지에서 사진을 찍을 때

여행객 : 이 카메라로 우리들 사진을 좀 찍어 주시겠습니까?

쾬넨 지 아인 포토 폰 운스 마헨

Können Sie ein Foto von uns machen?

다른관광객 : 네, 그러죠.

야 게른

Ja, gern.

여행객 : 셔터의 단추를 누르기만 하세요.

지 브라우헨 누어 아우프 디젠 콮프 쭈 트뤼켄

Sie brauchen nur auf diesen Knopf zu drücken.

다른관광객 : **두 분이 좀 더 가까이 서주세요.**

퀸넨 지 아인비스헌 네어 쭈잠멘 뤽켄
Können sie einbißchen näher zusammenrücken?

여행객 : **이렇게요?**

조
So?

다른관광객 : **됐습니다. 웃어보세요.**

굿 레헬른
Gut, Lächeln!

찰칵

클릭
Klick.

됐습니다.

오케이
O.K

여행객 : **감사합니다.**

당케 쇤
Danke schön.

관광지

상황 21

차를 빌리고 싶습니다.

이히 뫼헤테 아인 아우토 미텐
Ich möchte ein Auto mieten.

현지에서 차를 빌릴 때

여행객 : **거기가 로이얼 렌터카입니까?**

이스트 도르트 로럴 이우토페어미퉁
Ist dort Royal Autovermietung?

랜트회사 : **네, 도와드릴까요?**

바스 칸 이히 퓨어 지 툰
Was kann ich für Sie tun?

여행객 : **오늘 오후 한 시에 중형차 하나 빌리고 싶습니다.**

이히 뫼헤테 호이테 나하밋탁스 움 아인 우어 아인 미
테그로세스 아우토 미텐
Ich möchte heute nachmittags um ein
Uhr ein mittelgroßes Auto mieten.

랜트회사 : **특정 차종이라야 하나요?**

하벤 지 베존더렌 분쉬 퓨이 바겐
Haben Sie besonderen Wunsch für
Wagen?

여행객 : **한국차면 되겠습니다.**

이히 헤테 게른 아인 크레아니셰스 아우토
Ich hätte gern ein koreanisches Auto.

랜트회사 : **누비라가 있습니다.**

비이 하벤 누비라
Wir haben Nubira.

여행객 : **그걸로 하겠습니다.**

야 굿 다스 네메 이히
Ja, gut. das nehme ich.

요금은 얼마입니까?

비 필 코스테트 다스
Wie viel Kostet das?

랜트회사 : **하루 100D.M에 풀보험이 하루 150D.M입니다.**

에스 코스테트 아인훈데르트 마르크 프로탁 운드 아인
훈데르트 퓜프찌히 마르크 프로 탁 미트 페어지혀룽
Es kostet 100D.M pro Tag und 150D.M
pro Tag mit Versicherung.

여행객 : **그 차를 가지러 한 시까지 가겠습니다.**

이히 콤메 쭈 이넨 움 아인 우어 다스 아우토 압쭈홀렌
Ich komme zu Ihnen um 1 Uhr, das
Auto abzuholen.

랜트회사 : 좋으실 대로 하십시오.

비 지 볼렌
Wie Sie wollen.

여행객 : 나의 이름은 김인호이고 여기 전화번호는 207-6272입니다.

이히 하이세 인호 김 운트 마이네 텔레폰눔머 이스트
쯔바이 눌지번 쯔바이운트 젝찌히 쯔바이 운트 집찌히
Ich heiße In-ho Kim und meine
Telefommummer ist 2 07 62 72.

랜트회사 : 감사합니다. 김 선생님.

당케 쇤 헤어 김
Danke schön, Herr Kim.

김인호입니다.

마인 나메 이스트 인호 김

Mein Name ist In-ho, Kim.

렌트카 회사에서

랜트회사 : 그러시군요.

아하 야 　　　　Ach Ja.

얼마동안 쓰실 것입니까?

비 랑에 브라우헨 지 디젠 바겐
Wie lange brauchen Sie diesen Wagen?

김인호 : 이틀입니다.

퓨어 쯔바이 타게 　　　　für zwei Tage.

나의 크레딧카드입니다. 보증금은 얼마입니까?

이히 베찰레 밋트 크레디트카르테
비 필 코스테트 디 카우찌온
Ich bezahle mit Kreditkarte.
Wie viel kostet die Kaution?

랜트회사 : 100D.M입니다.

아인 훈데르트 마르크 비테
100 D.M bitte.

상 황   **이 버스가 시청까지 갑니까?**

23

페르트 디저 부스 비스 쭘 라트하우스
Fährt dieser Bus bis zum Rathaus?

➤ 대중 교통 수단을 이용할 때

버스기사 :   네, 그렇습니다.

야
Ja.

여행객 :   요금이 얼마입니까?

비 필 코스테트 디 부스파르트
Wie viel kostet die Busfahrt?

버스기사 :   6D.M입니다.

젝스 마르크 비테
6D.M bitte.

여행객 : 도착하면 내려주십시오.

비테 자겐 지 미어 벤 이히 아우스슈타이겐 무스
Bitte sagen Sie mir, wenn ich
aussteigen muß.

버스기사 : 내려드리고 말고요.

젤브스트페어슈텐틀리히
Selbstverständlich!

여행객 : 시청까지는 몇 정거장이나 됩니까?

비 필레 슈타찌오넨 무스 이히 비스 쭘 라트하우스
Wie viele Stationen muß ich bis zum
Rathaus?

버스기사 : 한참 가야됩니다. 20정거장입니다.

노호 바이터 쯔반찌히 슈타찌오넨 메어
Noch weiter. 20 Stationen mehr!

상 황

실례지만 지하철을 어디에서 탑니까?

엔트슐리궁 보 이스 디 우-반-슈타찌온

Entschuldigung, wo ist die U-Bahn-Station?

지하철을 이용할 때

보행인: 똑바로 계속 가십시오.

게엔 지 게라데아우스
Gehen Sie geradeaus!

여행객: 감사합니다.

당케
Danke.

여기서 멉니까?

이스트, 에스 바이트 폰 히어
Ist es weit von hier?

보행인: 아니오, 조금만 더 걸어가시면 됩니다.

나인 지 쾬넨 누어 아인비스현 메어 주 푸스 게엔
Nein, Sie können nur einbißchen mehr zu Fuß gehen.

여행객 : 어디서 표를 살 수 있습니까?

보 칸 이히 디 카르테 키우펜
Wo kann ich die Karte kaufen?

보행인 : 저 계단을 내려가십시오.

게엔 지 디 프레페 룬터
Gehen Sie die Treppe runter!

여행객 : 감사합니다.

당케
Danke.

여행객 : 시청행 표 두 장 주세요.

쯔바이 파카르텐 쭘 라트하우스 비테
Zwei Fahrkarten zum Rathaus, bitte.

편도 승차권으로 주세요.

아인파흐 비테
Einfach, bitte!.

여행객: **마리아 광장 가는 것은 몇 호선입니까?**

벨헤 린니에 페르트 쫌 마리엔플랏츠
Welche Linie fährt zum Marienplatz?

역원: **4호선입니다.**

린니에 피어
Linie 4.

여행객: **열차를 갈아타야 하나요?**

무스 이히 움슈타이겐
Muß ich umsteigen?

역원: **그러실 필요없습니다.**

나인
Nein.

갈아 타시지 않고 도착할 수 있습니다.

오네 움슈타이겐 쾬넨 지 두르히파렌
Ohne Umsteigen können Sie durchfahren.

역원 : **갈아 타셔야 합니다.**

지 뮈센 움슈타이겐
Sie müssen umsteigen.

여행객 : **갈아타는 역 명칭은 무엇입니까?**

암 모짜르트 플랏츠
Wo soll ich umsteigen?

역원 : **모짜르트광장입니다.**

암 모짜르트 플랏츠
am Mozartplatz.

거기서 내리셔서 2호선으로 갈아타십시오.

도르트 슈타이겐 지 아우스 운트 네멘 지 린니에 쯔바이
Dort steigen Sie aus und nehmen Sie
Linie 2.

Gleis(글라이스)   철도, 선로, 궤도, 선
ohne Umsteigen(오네 움슈타이겐)   갈아타지 않고
umsteigen(움슈타이겐)   갈아타다.

상황
25

서울에 전화하려고 합니다.

이히 뫼헤테 나하 서울 텔레폰니어렌

Ich möchte nach Seoul telefonieren.

호텔에서 서울로 전화

호텔: 잠시만 계십시오. 국제전화 교환을 불러드리겠습니다.

아이넨 모멘트 비티 이히 페어빈데 지 밋뎀 인터나찌
오날 오퍼레이터

Einen Moment, Ich verbinde Sie mit
dem international operator.

여행객: 감사합니다.

당케

Danke.

국제교환: 국제교환입니다. 도와드릴까요?

바스 칸 이히 퓨어 지 툰

Was kann ich für Sie tun?

여행객 :　서울로 전화하고 싶습니다.

　　　　전화번호는 2796-2255. 그리고 지명통화로 해주세요.

이히 뫼헤테 나하 서울 텔레폰니어렌
마이네 눔머 이스트 지벤쯔바이 드라이젝스 아인스아인스
이히 뫼헤테 밋트 아니넴 베슈팀텐 페르존 슈프레헨

Ich möchte nach korea telefonieren.
Meine Nummer ist 72 36 11.
Ich möchte mit einem bestimmten
Person sprechen.

국제교환 :　누구와 통화하고 싶으십니까?

밋트 벰 뫼헤텐 지 슈프레헨
Mit wem möchten Sie sprechen?

여행객 :　한여사입니다. 모친입니다.

프라우 한 마이네 무터
Frau Han, meine Mutter.

국제교환 : **이름의 철자는?**

부흐슈타벤
Buchstaben?

여행객 : **에이치 에이 앤**

하-아-엔
H. A. N.

국제교환 : **잘 알겠습니다. (좋습니다)**

오케이
O.K

대화자가 나오면 전화하겠습니다.

벤 한 덴 안루푸 안님트 베르데 이히 지 비이터 페어
빈덴
Wenn Han den Anruf annimmt, werde ich Sie weiter verbinden.

여행객 : **네, 부탁합니다.**

당케 쇤
Danke, schön.

상황

26

가장 가까운 철도역이 어디에 있습니까?

비 콤메 이히 쭘 네헤스텐 반호프

Wie komme ich zum nächsten Bahnhof?

기차여행을 할 때

보행인 : 여기서 먼 거리입니다. 택시를 타십시오.

에스 이스트 바이트 폰 이허 네멘 지 아인 탁스
Es ist weit von hier.
Nehmen Sie ein(Taxi)!

택시기사 : 어디로 모실까요.

보힌 뫼헤텐 지
Wohin möchten Sie?

여행객 : 가장 가까운 철도역으로 갑시다.

브랑엔 지 미이 쭘 네헤스텐 반호프 비테
Bringen Sie mir zum nächsten Bahnhof,
bitte!

택시기사 :	자, 다왔습니다.

히어 진트 비어
Hier sind wir.

여행객 :	얼마입니까?

비 필 코스테트 에스
Wie viel kostet es?

택시기사 :	29 D.M입니다.

노인운트 쯔반찌히 비테
29 D.M bitte.

여행객 :	여기 있습니다. 거스름 돈은 넣어두세요.

이스트 인 오르트눔 조
Ist in Ordnung so.

여행객 :	매표소가 어디에 있습니까?

보 이스트 데어 샬터
Wo ist der Schalter?

역원 : 저 화살표시를 따라가십시오.

폴겐 지 덴 파일
Folgen Sie den Pfeil.

여행객 : 감사합니다.

당케
Danke.

하이델 베르그까지 편도표 두 장 주십시오.

쯔바이 아인피헤 파카르텐 나하 하이델베르크 비테
Zwei einfache Fahrkarten nach
Heidelberg, bitte.

첫 열차는 몇 시에 있습니까?

반 페르트 데어 에르스테 쭉 나하 하이델베르크 압
Wann fährt der erste Zug nach
Heidelberg ab?

역원 : 14:00시에 있습니다.

움 피어첸 우어
Um 14:00 Uhr.

독일 관광

* 프랑크푸르트: 라인강의 지류인 마인강 연변에 발달한 이 도시의 정식 명칭은 프랑크푸르트 암마인이다. 중세부터 상업의 중심지로서 번영한 이 도시는 제2차 세계대전때 약 70%가 파괴되었는데 오늘날 새 모습으로 재건되어 국제적인 상업, 금융의 중심지로 유럽 사회 속에서 커다란 역할을 하고 있다.

-뢰머광장과 시청사: 1405년 프랑크푸르트의 참의회는 로마 언덕에 있던 3채의 귀족 저택을 매입하여 시청사로 개조하였다. 이 3채 중 대표적인 한 채가 '뢰머 주택'이라고 불려지고 있었기 때문에 시청사를 뢰머라 하고, 주변의 광장을 뢰머 광장이라고 부르게 되었다. 광장 중앙에는 정의의 여신 유스티티아 분수가 있다. 뢰머는 신성 로마 제국의 황제가 대관식이 끝난 다음 화려한 축하연회를 베풀던 장소이다.

-괴테의 집: 그로서 히르수그라벤이라는 구시가의 중심지 근처의 작은 거리에 위치해 있는 괴테의 생가, 문호 괴테가 1749년 8월 28이 이 집에서 태어나 청년기를 보냈다. '넓고 밝고 즐거운 집'이라고 괴테 자신이 말한 대로 훌륭한 집이며, 18세기 프랑크푸르트의 상류계급의 생활상을 엿볼 수 있다. 괴테는 이곳에서 '젊은 베르테르의 슬픔'과 '파우스트'의 초고 등을 썼다.

-로렐라이 언덕: 정열의 시인 하이네의 시와 아름다운 메로디 때문

에 유명해진 이 전설의 바위산을 바라보면서, 배는 옛날이나 다름없이 험한 흐름을 헤쳐나간다. 배안에서는 로렐라이 노래가 흘러나오고, 라인 강 뱃길 여행은 여기에서 최고조에 달하게 된다.

* 하이델베르그: 청춘의 도시 하이델베르그는 프랑크프르트에서 100km 남쪽, 네카어 강이 라인평야로 흘러드는 곳에 있다. 하이델베르그가 본격적으로 역사에 등장한 것은 14세기 후반, 하이델베르그 대학이 창립되고 나서부터이다. 문학의 중심지로서 수많은 철학자와 과학자들이 이 도시를 찾았다. 많은 예술가의 사랑을 받으며, 많은 시인이 하이델베르그에 바치는 시를 남겼다.

-학생감옥: 1712-1914년에 학생이 저지른 경범죄로 2주일 동안 이곳에 갇히게 된다. 3일간은 빵과 물밖에 주지 않고 밖으로도 나갈 수 없으나, 그 이후에는 사식도 허용되었고 수업도 받게 되었다. 당시의 학생들은 처벌을 부끄러워 하지 않고 오히려 자랑스럽게 생각했다.

-고성: 도시의 동쪽 끝, 200m 높이의 언덕위에 있는 중세의 고성, 성의 지하에는 1751년에 만든 약 22만 TON 들이의 큰 술통이 있다.

-하이델베르그 대학: 1386년에 창립된 독일에서 가장 오래된 대

학으로 학문적으로 수준높은 대학이지만, 맥주와 사랑과 노래로 청춘을 구가하는 자유분방한 분위기가 넘치고 있다. 학생식당에서 독일 요리를 싸게 먹은 다음, 220만 권의 장서를 가진 대학 도서관을 둘러보는 것이 좋을 것이다.

* 뒤셀도르프: 독일 최대의 공업지대이다. 라인강이 도시옆을 흐르고 마로니에의 가로수 길이 아름다운 곳이다. 또한 유행의 중심지로 세련된 분위기가 흐른다.

-알트수타트: '구시가'라는 뜻으로 남북으로 라인 강에 놓여 있는 오버카셀 다리와 라인크니 다리 사이의 지역이다. 이 일대에는 하이네의 생가, 고딕양식의 시청사 등 관광명소가 모여 있다.

-하이네의 집: 볼커 거리에 있는 하이네의 생가인데, 지금은 레스토랑이 되어 있다. 2층 외벽에 하이네의 상이 새겨져 있을 뿐이지만, 수많은 사람들이 찾아드는 곳이다. 하이네는 독일 최고의 서정시인으로서 그의 시는 온 세계에 애송되고 있다.

* 뮌헨: 온화한 거리와 밝은 거리, 명랑한 시민의 표정 등으로 삶이 약동하는 이 도시의 명물은 역시 맥주다. 우리의 귀에도 익은 호프브로이와 뢰벤브로이를 비롯하여 세계적인 맥주 회사가 6개나 있다.

-마리엔광장: 시가지 중심부에 있는 광장으로 주변에는 고급 부티크 및 레스토랑이 들어서 있어 산책과 쇼핑하기에 좋다.

-신시청사: 1867-1909년에 세워진 네오 고딕 양식의 건물, 종루에 설치되어 있는 특수 장치의 인형시계는 독일 최대의 것이며, 이 도시의 상징이기도 하다. 이 시계가 작동하는 시간에는 실물 크기의 인형들이 펼치는 인형극을 보기 위해 몰려드는 관광객들로 마리엔 광장은 메워진다.

-알테 피나코테크: 세계 6대 미술관의 하나로 꼽히는 미술관 건물은 1826-36년에 걸쳐 건축된 르네상스 양식의 건물이다.

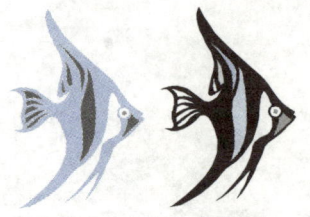

* 쿼른: 이 도시는 기원전부터 로마 제국의 군대가 주둔했던 곳으로, 당시에 콜로니아라 불렸던 것이 쿼른의 어원이 되었다.

-대성당: 쿼른의 하늘 높이 솟은 두 개의 뾰족한 첨탑으로 유명한 대성당이다. 선제후를 겸했던 쿼른의 대주교 콘라트가 재력을 과시하기 위하여 세운 것으로 1248년에 기공하여 1880년에 완공되기까지 자그마치 600년 이상 걸렸다. 정면의 장식 등 외관도 정교하고 웅장하지만, 내부의 다섯군데에 설치한 스테인드글라스의 아름다움은 형언하기 어려울 정도이다.

-호헤거리: 대성당 앞에서 남쪽으로 뚫린 보행자만을 위한 길이다. 쿼른의 최고의 쇼핑 거리로, 크고 작은 가게가 빽빽히 들어서 있다. 특히 패션과 카메라, 보석, 모피, 구두 등 고급 전문점이 줄지어 서 있다.

-로마의 탑: 대성당 서쪽으로 나 있는 초이크하우스 거리에 있는 둥근 탑이다. BC 50년경 로마 군이 쌓았던 성문의 일부인데, 거의

원형을 그대로 보존하고 있다. 벽돌 표면에 섬세하고 아름다운 무늬를 양각해 놓았다.

* 본: 유사 이전부터 켈트인과 프랑크인이 거주했고, 기원 전후에는 로마군의 성채가 만들어진 역사적인 도시이다.

-뮌스터 광장: 구시가의 중심지인 중앙역 앞에 뮌스터 광장이 있고, 바로앞에 서 있는 교회가 본의 상징인 카톨릭 교회이다. 정면의 뾰족한 두 탑은 로마네스크양식을 바탕으로하여 고딕 양식, 바로크 양식 등이 혼합된 형태이다. 광장에는 베토벤 기념상이 서 있다.

-본 대학: 뮌스터 광장 바로 동쪽에 위치해 있다. 사적유물론을 확립하여 국제공산주의 운동을 일으킨 카를 마르크스와 독일의 위대한 서정시인 하인리히 하이네의 모교로서도 유명하다. 이 곳은 변화가가 가까이 있는데도 뒤쪽에 넓은 호프가르텐이 있어 분위기가 조용하다.

-베토벤의 집: 베토벤의 자필 악보와 '영원한 연인, 테레제의 초상

화, 그의 아버지가 아들을 신동이라고 선전했던 광고문' 같은 것이 전시되어 있어 흥미를 끄는 곳이다. 항상 문은 닫혀있지만, 초인종을 누르면 관리인이 나와 문을 열어 준다.

-베토벤 생가: 옛도시의 궁성안에 위치해 있으며, 정원 끝에는 로댕의 제자가 만든 베토벤의 동상이 세워져 있다. 1층의 작은 방에는 10세 때 연주했던 오르간, 비올라, 악보 초고들, 가구등이 전시되어 있다. 베토벤이 태어난 방은 2층에 위치해 있으며, 이곳에는 베토벤의 대리석 흉상만으로 꾸며져 있고 그 옆방에는 베토벤의 사적인 유품들이 전시되어 있다. 항상 문이 닫혀 있지만, 초인종을 누르면 관리인이 나와 문을 열어준다.

* 베를린: 구 동독 한 가운데에 육지의 고도처럼 자리잡고 있던 도시이다. 1990년 역사적인 독일 통일과 함께 베를린은 명실공히 독일의 수도로서 명성을 되찾고 있다.

-카이져 빌헬름 기념교회: 초대 독일황제 빌헬름 1세를 기리기 위하여 1894년 세운 네오 로마네스크 양식의 교회인데, 제2차 세계대전 때 무참히 파괴되어 높이 63m의 탑의 잔해만 전쟁의 무서움

을 전하는 기념비로서 시민들은 이 탑을 '텅 빈 이빨'이라고 말한다.

-쿠담거리: 카이저 빌헬름 기념교회에서 서쪽으로 난 대로로 독일 최대의 번화가로, 독일을 대표하는 쇼핑과 산책의 거리이다.

-브란덴부르크 문: 12개의 멋진 도리아식 두리 기둥으로 받친 웅장한 문으로, 베를린을 상징하는 건조물이다. 이 건물을 중심으로 동서 베를린이 분할되어 분단의 벽이 쌓여 수많은 비극을 낳았다.

-샤를로텐부르크성: 17C에 세워졌으나 전쟁으로 불타 현재는 80%정도 복원된 상태이다. 프리드리히 1세의 부인인 소피샤르로테 왕비의 여름별장으로 지어졌으며, 1695년 이후 100여년에 걸쳐 증축되어 본관의 길이가 무려 505m에 달한다. 베를린의 대표적인 바로크 양식의 건축물로 영국식으로 꾸며진 아름다운 정원과 도자기 전시실이 볼 만하다.

세계의 표준시간대

그리니쥐 민 타임 : 그리니치 표준시((약 GMT))
Greenwich Mean Time
Greenwich 그리니쥐 · 그리니치 : 런던교의 템스강 가
의 자치구. 본초 자오선의 기점. 그리니치 천문대의 소재지

■ 주요도시명

	Noon 눈 : 정오	
London 런던 : 영국의 수도		
Stockholm 스따크호울음 : Sweden의 수도	+1	PM
Vienna 비에너 : 오스트리아의 수도	+1	〃
Helsinki 헬싱키 : 핀란드의 수도 · 항구	+2	〃
Tripoli 트리펄리 : 리비아의 수도	+2	〃
Cairo 카이어로우 : 이집트의 수도	+2	〃
Johannesburg 죠우해니스 벌그 : 남아메리카 연방 제일의 도시	+2	〃
Cape Town 케이프 타운 : 남아공화국의 입법부 소재지	+2	〃
Moscow 마스카우 · 마스코우 : 소련의 수도 : 러시아어명은 Moskva	+3	〃
Nairobi 나이로우비 : Kenya 공화국의 수도	+3	〃
Tehran 테이러랜 : 이란의 수도	+3:30	〃
Volgograd 발거그래드 전이름 : Stalingrad : 소련남부의 도시	+5	〃
Abu Dhabi 아부다비 : 아랍에미리트 연방의 주요구성국 · 수도	+5	〃
Tashkent 태쉬켄트 : 소련 Uzbek 공화국의 수도	+4:30	〃
New Delhi 뉴델리 : 인도공화국의 수도	+4:30	〃
Singapore 싱거포얼 : 말레이반도 남단의 섬:영연방내의 공화국 수도	+7	〃

■ 주요도시

Bangkok 방카크 · 뱅코크 : Thailand 의 수도	+7:30	〃
Jakarta 쥐어카얼터 : 인도네시아 공화국의 수도	+7:30	〃
Beijing 베이징 = Peking	+9	〃
Hong Kong 홍콩 · 향캉	+8	〃
Manila 머닐러 : 필립핀의 수도	+8	〃
Seoul 서울 : 한국의 수도	+9	〃
Vladivostok 블래디버스딱크 :	+9	〃
소련령시베리아 동남의 항구		
Tokyo 도쿄 : 일본의 수도	+9	〃
Adelaide 애더레이드 : 오스트레일리아 남부의 도시	+9:30	〃
Sydney 시드니 : 오스트레일리아 동해안의 항구도시 :	+11	〃
NSW주의 수도		
Anchorage 앵커리지 : 미국 알래스카주 남부의 항구도시	− 10	AM
Honolulu 하너룰루 : 미국 하와이주의 수도	− 10	〃
Vancouver 뱅쿠버 :	− 7	〃
캐나다 남서부 부리티쉬 컬럼비아주의 항구도시		
San Francisco 샌후런씨스코우 :	− 8	〃
캘리포니아주의 항구도시		
Chicago 쉬카고우 :	− 6	〃
미시간 호숫가에 있는 미국 제2의 도시		
Mexico 맥시코우 :	− 6	〃
북미남부의 공화국 : 수도는 Mexico City		
Montreal 만추리올 : 캐나다 남동부의 도시	− 5	〃
Toronto 터란토우 : 캐나다 남동부 Ontario 주의 수도	− 5	〃
New York : 뉴욕주에 있는 미국 최대의 도시	− 5	〃
Bogota 보우거타 : 남아메리카 콜롬비아 공화국의 수도	− 5	〃
Lima 리머 : 페루의 수도	− 5	〃
Buenos Aires 부에이너스 에어리즈 :	− 3	〃
아르헨티나의 수도		

비 자

1 어학연수와 비자

독일과 한국은 비자면제 협정이 체결되어 관광, 방문에 한해 비자 없이 입국할 수 있으며, 무비자로 3개월까지 여행 또는 어학연수를 받을 수 있습니다. 하지만 3개월 이상 학업을 하고자 하는 경우, 본국에서 유학허가서(학생비자/또는 어학연수비자)를 미리 받고 출국해야 합니다.

2 학생비자 신청시 구비해야 할 사항

비자 구비서류 준비에 대해서는 비자신청서와 함께 제공되는 안내문을 참고해야 합니다. 모든 국문 서류는 영어번역본 또는 독일어로 공증된 것을 첨부해야 하며, 공증사무실은 독일 대사관에서 소개받을 수 있습니다. 일반적으로 필요한 서류는 다음과 같습니다;

- 신청서(독일 대사관 비치)
- 유효한 여권과 여권용 사진 2매
- 입학허가서(Zulassung)
- 재정증명(재정보증서, 납세증명서 등)
- 재직, 경력 증명서 또는 재학/졸업 및 성적 증명서(영문)
- 18세 미만의 경우, 별도의 증빙서류(대사관에 문의) 등

3 비자신청

독일 대사관 비자 업무는 월-목 9시 - 5시/금요일 8: 30 - 12: 00시이며, 접수는 독일 대사관 비자과 수신으로 우편 발송하거나 대사관 내에 위치한 신청 접수 창구에 직접 제출해야 합니다. 이 때 비자 신청서에 명확한 이름, 생년월일과 함께 항상 연락이 가능한 연락처를 반드시 명시해야 하며 비자는 6-7주 정도 소요됩니다. 하지만 접수 후 6주까지 대사관으로부터 아무런 연락이 없을 경우, 직접 대사관으로 방문하여 문의하거나 팩스, 우편을 통해 서면으로 문의할 수 있습니다.

4 재정보증은 어떻게 하나요

재정 보증은 일정금액이 정해져 있는 것이 아니며, 신청인의 생활비를 충분히 충당할 수 있는 것이 증명되면 됩니다. 재정보증인의 재정보증서는 납세증명, 갑근세 등의 서류를 제출하면 되고, 부모나 배우자가 보증인일 경우 공증이 필요할 수 있습니다. 또한 많은 액수의(예를 들면 1년 이상 체류를 위한 장학금)을 독일 정부 또는 한국에서 받고 가는 경우 별도의 재정보증이 필요하지 않고 장학금에 대한 증빙서류만 필요할 수도 있습니다. 보다 자세한 것은 대사관에 미리 문의하십시오.

5 비자기간을 독일에서 연장할 수 있나요

비자기간은 발급시 정해져 있기도 하지만, 독일에 입국할 때 입학허가서의 기간에 따라 이민국에서 체류기간을 알려줍니다. 입국한 이후, 비자 기간이 만료되기 2개월 전 독일 내 이민국에 연장신청을 하면, 학업을 계속하는 한, 연장 받을 수 있습니다.(어학연수 비자를 유학비자로 바꿀 수 있는지에 대해서는 독일 대학과 대사관에 문의하십시오.) 그러나 비자의 성격이 달라지는 경우, 예를 들면 유학이 끝난 뒤 취업비자를 발급 받고자 하는 경우, 일반적으로는 한국에 돌아와 취업비자를 다시 신청해야 합니다. 하지만 독일은 지난 10년 간 이 문제를 개선하고자 노력해 왔고 몇몇 대학은 국제화 시대에 발맞추어 이 문제를 간편화하려고 합니다. 따라서 향후 더 개선될 것입니다. 하지만 보다 자세한 것은 현지 대사관에 반드시 문의하십시오.

6 중/고등학생도 학생비자를 받을 수 있나요

만 18세 미만은 부모 또는 부모 중 한 명이 독일에 직업을 가지고 있거나(주재원 또는 특파원 등) 독일에서 유학하는 경우만 가능합니다. 단지 예술의 경우, 학생의 재능이 특별히 독일 교수에 의해 인정되어 독일교수로부터 추천을 받은 경우 부모 없이도 유학할 수 있습니다.

여러 가지 긴급상황을 대비해서 점검할 사항들

여행, 특히 고국에서 멀리 떨어진 낯선 곳을 여행할 때는 반드시 비상사고 혹은 긴급상황과 마주치게 마련이다. 물건이나 증명서를 분실했다거나 갑작스런 질병이 생기는 경우는 언제나 여행자들을 노리는 불안한 사항들이다. 위와 같은 비상사고를 당하고 나서 빨리 해결하는데 큰 도움이 되는 것들은 다음과 같으니 반드시 지니고 다녀야 한다.

1 **여행지에 위치한 우리나라 해외공관주소록**: 사고를 당했을 때 가장 먼저 전화걸어야 하는 곳이 바로 대사관, 영사관 등의 해외주재 공관원이다. 따라서 이들의 주소나 전화번호를 적은 종이를 반드시 지니고 다녀야 한다. 이 종이는 여권이나 지갑이 아닌 곳에 두는 것이 좋다. 여권이나 수첩은 자주 분실하는 것들에 속하기 때문이다.

2 **여행지에 위치한 한인업소 주소록**: 위에 적은 공관은 의외로 휴일도 많고 근무시간도 매우 제한적이다. 무슨 일이 생겨 연락을 해도 근무시간이 지나 도움을 못받는 경우가 더 많을지도 모른다. 이점은 유학생이나 교민들이 항상 불만족스럽게 여기는 점이기도 하다. 아무튼 공공기관은 문을 닫을지언정 식당이나 상점은 일반적으로 항상 문을 열고 있다고 생각하면 된다. 특히 호

텔 같은 숙박업소는 항상 문을 열고 여러분을 기다리고 있다. 무슨 일이 생겼을 때 여러분에게 빠른 도움을 줄 수 있는 곳들은 공관원보다는 바로 이런 한인업소들이다. 한두 개 정도는 알아두도록 하자.

3 각종 증명서의 복사본: 원본을 잃어버렸다손 치더라도 빠른 복구를 보장해주는 가장 좋은 방법은 바로 복사본들을 가지고 다니는 것이다. 특히 여권과 여행자수표 비행기표 등의 중요한 서류나 증명서는 꼭 복사해 놓도록 하자. 이런 것들이 없다면 새로 발급받을 증명서에 기입할 여러 숫자들, 가령 주민등록번호나 여권번호 등의 사소한 것들이 기억나지 않을 수도 있다. 낯선 땅을 여행하다보면 일시적인 건망증에 빠지는 경우가 더러 있다. 기억력을 너무 과신하지 말라. 적어도 낯선 곳에서의 여행 중에서는 말이다.

4 사진 몇 장: 증명서를 분실했을 때 필요하다. 특히 여행지에서 뜻하지 않게 들어가고 싶은 곳이 생겼을 때 그 입장권에 붙일 때도 긴요하게 쓰일 수 있다. 예를 들면 입장카드가 있어야만 들어갈 수 있는 도서관이나 특수박물관 등에 입장할 때 쓸 수 있다.

5 수신자 부담 전화서비스 번호: 한국의 친지에게 구조를 요청할 일도 생길 수 있으므로 수신자 부담 전화서비스 번호 하나 정도는 알아두어야 한다.

여권을 분실했을 경우

여행중 가장 빈번히 일어나는 사고중의 하나가 바로 여권 분실이다. 자주 내보여야 하고 항상 지니고 다녀야 하는 만큼 그 사고빈도가 높을 수밖에 없다. 그러나 여권 분실은 가장 심각한 사고임에 틀림없다. 여권이 없으면 사실상 더이상의 여행이 불가능하다고 보면 된다. 여권을 다시 발급받을 수 있는 곳은 해외 주재 대사관이나 영사관밖에 없으므로 여권을 분실했을 경우는 바로 이곳에 연락해서 도움을 받아야 한다. 여권이 없으면 다른 나라로의 출국이 불가능한 경우가 대부분이므로 잃어버린 곳의 대사관이나 영사관을 찾는 것 외에는 별도리가 없다. 위에 적은 바대로 사진이나 여권번호 및 주민등록번호 메모 등 사전준비가 잘 되어있다면 빠른 시간내에 발급받을 수도 있겠지만 그렇지 못하면 오래 시간을 끌게 되므로 주의할 것. 최악의 경우 같이 간 팀에서 이탈할 수 밖에 없는 경우를 당한다. 여권을 분실한 사람 때문에 팀 전체의 여행스케쥴이 변동하는데는 한계가 있기 때문이다.

1 저어, 여보세요.(남성의 경우)

엔트슐디겐 지 비테
Entschuldigen Sie bitte.

2 저어, 여보세요.(여성의 경우)

엔트슐디겐 지 비테
Entschuldigen Sie bitte.

3 여보세요! (전화 통화할 때)

할로
Hallo!

4 ~하지 않겠어요?

볼렌 지 니히트
Wollen Sie nicht~?

5 누구시라고 전할까요?

폰 벰 졸 이히 다스 아우스리히텐
Von wem soll ich das ausrichten?

6 아무도 예측할 수 없다.

다스 바이스 니만트
Das weiß niemand

7 맞았어, 바로 그거야.

리히티히 조 이스트 다스
Richting, so ist das.

8 내 의견은 ~이다.

마이너 마이눙 나하____
meiner Meinung nach____.

9 설마! 그럴까! 어머!

다스 무스 아버 니히트 바 자인
Das muß aber nicht wahr sein.

10 알겠소. 그렇군.

아하 소
Ach so.

11 생각해 보죠.

이히 베르데 나하뎅켄
Ich werde nachdenken.

12 안녕! 또 만나세!

아우프 비더젠 취스 비스 단
Auf Wiedersehen! Tschüß! Bis dann!

13 곧 알게 될꺼다.

다스 베르덴 비어 발트 비센
Das werden wir bald wissen.

14 내가 보는 바로는~

마이너 압지히트 나하~
meiner Ansicht nach~

15 미안합니다만 지나갑시다, 좀 봐주세요,
눈 감아주세요.

드뤼켄 지 도흐 비테 말 아인 아우게 쭈
Drücken Sie doch bitte mal ein
Auge zu.

16 우리들을 놓아주시오.

라센 지 운스 로스
Lassen Sie uns los.

17 갑시다.

라스 운스 게엔
Laß uns gehen.

18 그런데, 뭐랄까.

비 졸 이히 자겐
Wie soll ich sagen.

19 폭풍우 등이 가라앉고 있다.

데어 빈트 비르투 슈베혀
Der wind wird schwächer.

20 반드시 (꼭) ~하여라.

마하 조 바이터
Mach so weiter.

21 과연, 반드시, 정말로.

타트제혀리히
tatsächlich.

22 진짜의, 현실의, 실제의, 순수한

에히트 피어클리히
echt, wirklich.

23

~하는 것은 아주 당연하다.

에스 이스트 젤룹스트페어슈텐틀리히 다스~
Es ist selbstverständlich, dass~

24

서로 공평이 제일이다.

에스 이스트 암 베스텐 벤 어스 글라히 이스트
Es ist am besten, wenn es gleich
ist.

25

대단히 불쾌한, 형편없는, 시시한,
진저리나는

운안게넴 위벨 비더리치
unangenehm, übel, widerlich.

26

~할 가치가 없는

베르트로스
wertlos.

27

내가 책임지겠다. 틀림없다.

이히 네메 아우프 미히 페어안트보르퉁
Ich nehme auf mich Verantwortung.

28

글쎄 어떨까, 뭐라고 말할 수 없는데

눈 비 졸 이히 자겐~
nun, wie soll ich sagen~

29 안 그래요?

니히트 바
~, nicht wahr?

30 어디서 왔습니까?

보헤어 콤멘 지
Woher kommen Sie?

31 좋지 뭐 그러지 뭐 (상대방의 제안에)

아인페어슈탄덴
Einverstanden

32 ~해 보면 어떤가? ~해 보지 그래

페어주헨 지 말~
Versuchen Sie mal~

입어보지 그래.

프로비어렌 지 안
Probieren Sie an!

33 술과 음식으로 푸짐하게 대접하다.

가스트프로인톨리히 베리넨
Gastfreundlich bedienen.

34 발걸음도 가볍게

간쯔 로커
ganz locker.

35 나는 비행중이다 (여행중이다).

이히 빈 운터 벡스
Ich bin unterwegs.

36 기뻐서 어쩔 줄 모르겠다.

보어 프로이데 바이스 이히 가 니히트 바스
이히 툰 졸
Vor Freude weiß ich gar nicht, was
ich tun soll.

37 아직 미정이다.

노호 니히트 베슈팀트
noch nicht bestimmt.

38 이따가 다시 전화하겠다.

이히 루페 디히 비더 안
Ich rufe dich wieder an.

39 경솔한 짓하지 마라. 재난을 자초하지 마라.

위버아일렌 지 지히 니히트
Übereilen Sie sich nicht!

40 물어서 실례일지 모르지만,

엔트슐리겐 지 디 프라게 아버~
Entschuldigen Sie die Frage aber~

41 그 쪽이 더 낫다.

다스 이스트 베써
Das ist besser.

42 이열치열 (속담)

아우프 아니넨 그로벤 클로츠 게횄르트 이인
그로서 케일
Auf einen groben Klotz gehört ein
großer Keil.

43 은혜는 은혜로 원한은 원한으로 갚다. (속담)

아우게 움 아우게 짠 쯤 짠
Auge um Auge, Zahn um Zahn.

44 철저하게 하다. 갈데까지 다 가다,
최후의 선을 넘다.

메어 쾬넨 비어 니히트 툰
Mehr können wir nicht tun.

45 마음을 고쳐먹다, 생활을 일신하다.

다스 레벤 비르트 테글리히 페어베서르트
Das Leben wird täglich verbessert.

이 길이 시청에 가는 길입니까?

콤메 이히 히어 쫌 라트하우스

Komme ich hier zum Rathaus?

렌터카로

보행인 : 이 길로 가면 돌아가게 됩니다.

다스 히어 이스트 아인 움벡
Das hier ist ein Umweg.

여행객 : 어느 길이 지름길입니까?

비 콤메 이히 디렉트 다힌
Wie komme ich direkt dahin?

보행인 : 저 길로 가십시오.

게엔 지 디젠 벡
Gehen Sie diesen weg.

여행객 : 감사합니다.

당케
Danke.

여행객 : 실례지만 시청은 어느 길입니까?

엔트슐리겐 지 비터 비 콤메 이히 쭘 라트히무스
Entschuldigen Sie bitte, wie komme ich zum Rathaus?

보행인 : 곧바로 계속 가시다가 서쪽으로 가세요.

게엔 지 게라데아우스 운트 단 인 리히퉁 베스텐
Gehen Sie geradeaus und dann in Richtung Westen.

여행객 : 여기서 멉니까?

이스트 에스 바이트 폰 히어
Ist es weit von hier?

보행인 : 아닙니다. 2마일이 채 못됩니다.

나인 운게페어 쯔바이 마일레
Nein, ungefähr 2 Meile.

여행객 : 감사합니다.

당케 제어
Danke sehr.

상 황

아 , 여기가 소위 노르트제그나

아하 히어 이스트 노르트제
Ach hier ist Nordsee!

> 휴양지에서

여행객 : 참으로 멋진 해수욕장이군!

바스 퓨어 아인 분더쉐너 슈트란트
Was für ein wunderschöner Strand!

동행인 : 나와 같은 생각이시군요.

이히 덩케 아후
Ich denke auch.

어디가서 뭣 좀 먹읍시다.

볼렌 비어 주에르스트 에트바스 에센
Wollen wir zuerst etwas essen?

여행객 :	점심식사 후 무얼할까요?

바스 마헨 비어 나하 템 밋탁에쎈
Was machen wir nach dem
Mittagessen?

동행인 :	수상스키를 하고 싶습니다.

이히 뫼헤테 게른 바서쉬라우펜
Ich möchte gern Wasserskilaufen.

여행객 :	그걸하면 좋겠군요.

다스 이스트 아이네 구테 이데
Das ist eine gute Idee.

동행인 :	저 모터보트 좀 보세요.

제엔 지 말 다스 모토아보트
Sehen Sie mal das Motorboot!

여행객 :	참 신나는군요!

아우프레겐트
Aufregend!

여행객 :	여기가 수상스키 타는 곳입니까?

칸 만 히어 바써쉬라우펜
Kann man hier Wasserskilaufen?

담당자 :	네, 그렇습니다.

요금을 내시고 준비하십시오.

아 벤 지 디 게뷔르 베짤트
하벤 할텐 지 지히 베라이트
**Ja, wenn Sie die Gebühr bezahlt
haben, halten Sie sich bereit.**

여행객 :	요금은 얼마입니까?

바스 코스테트 다스
Was kostet das?

담당자 :	이것이 요금표입니다.

다스 이스트 디 프라이스타벨레
Das ist die Preistabelle.

여행객 :	우리 차례는 언제옵니까?

반 쾬넨 비어 엔틀리히 드란
Wann können wir endlich dran?

담당자 : 차례를 기다려 주십시오.

바르텐 지 아우프 디 라이에
Warten Sie auf die Reihe!

15분만 있으면 차례가 옵니다.

지 쾬넨 인 퓜프첸 미누텐 안 데어 라이에
Sie können in 15 Minuten an der Reihe.

여행객 : 기다리다 지쳐버렸다.

이히 빈 파스트 게슈토르벤
Ich bin fast gestorben.

담당자 : 차례가 왔습니다.

에츠트 지 진트 드란
Jetzt Sie sind dran.

여행객 : 우리 노르트제에 갑시다.
그리고 거기서 수영도 즐기고 윈드서핑도 즐깁시다.

게엔 비어 안 디 노르트제 도르트 쾬넨
비어 슈빔멘 운트 윈드서핑
Gehen wir an die Nordsee dort können wir swimmen und Windsurfing.

동행인 : 그 말씀 좋게 들립니다.

다스 클링트 쉔
Es klingt schön.

거리가 얼마나 되지요?

비 바이트 이스트 에스 폰 히어
Wie weit ist es von hier?

여행객 : 차로 30분 걸립니다.

에스 다우에르트 드라이씨히 미누텐 밋뎀 아우토
Es dauert 30 Minuten mit dem Auto.

여행객 : 보드를 빌리고 싶습니다.

이히 뫼헤테 아인 보트 아우스라이엔
Ich möchte ein Boot ausleihen.

계원 : 여기 있습니다. 고르세요.

히어 이스트 에스 주헨 지 지히 아인스 아무스
Hier ist es. Suchen Sie sich eins aus.

여행객 : 두 시간 쓰겠습니다. 요금 받으세요.

퓨어 쯔바이 슈툰덴 비테
이히 베짤레 에츠트 숀
Für zwei Stunden, bitte.
ich bezahle jetzt schon.

바람은 어때요?

비 이스트 데이 빈트
Wie ist der Wind?

계원 : 안성맞춤의 바람입니다.

간쯔 굿 퓨어 보트파르트
Ganz gut für Bootsfahrt.

어디가 아프십니까?

바스 펠트 이넨

Was fehlt Ihnen?

여행중 병원에서(1)

여행객 : 여기 허리를 삐끗했습니다.

에스 찌트 임 뤽켄
Es zieht im Rücken.

의사 : 오른쪽으로 누우세요.

레겐 지 지히 비테 아우프 디 레히테 짜이테
Legen Sie sich bitte auf die rechte
Seite.

여행객 : 저 좀 돌아눕혀 주시겠습니까?

쾬넨 지 미어 바임 드렌 헬펜
Können Sie mir beim Drehen helfen?

옆구리가 많이 아픕니다.

안 데 짜이테 투트 에스 미어 베
An der Seite tut es mir weh!

의사 : **어지럽습니까?**

이스트 이넨 슈빈들리히
Ist Ihnen schwindlig?

환자 : **네, 머리가 아프고 어지럽습니다.**

야 이히 하베 콥프 슈메르쩬 운트 미어 이스트 슈빈
들리히
Ja, ich habe Kopfschmerzen und mir
ist schwindlig.

의사 : **숨을 크게 쉬세요.**

아트 지 티프 아인
Atmen Sie tief ein.

숨을 내쉬세요.

아트멘 지 티프 아우스
Atmen Sie tief aus.

숨을 들이마시십시오.

아트멘 지 아인
Atmen Sie ein.

숨을 잠깐 멈추세요.

할텐 지 비테 쿠르쯔 디 루푸트 안
Halten Sie bitte kurz die Luft an.

드러 누우세요.

레겐 지 지히 힌

Legen Sie sich hin.

여행중 병원에서 (2)

환자 : 뱃 속에 가스가 찹니다.

이히 하베 아이넨 게블레텐 바우흐
Ich habe einen geblähten Bauch.

의사 : 숨 쉬기가 곤란합니까?

하벤 지 베슈베르덴 바임 아트멘
Haben Sie Beschwerden beim Atmen?

환자 : 네, 그리고 화장실에 가고 싶습니다.

야 운트 이히 뫼헤테 아우프 디 토이렛테
Ja, und Ich möchte auf die Toilette.

의사 : 수면제를 좀 드릴까요?

졸 이히 이넨 슐라프미텔 게벤
Soll ich Ihnen Schlafmittel geben?

환자 : 네, 부탁합니다.

야 비테
Ja, bitte.

간호사를 부르는 장치는 어디 있습니까?

보 이스트 다스 루프지그날 퓨어 크랑켄슈베스터
Wo ist das Rufsignal für Kranken
schwester?

의사 : 이걸 누르세요.

더 필요한 것이 있으면 말씀하세요.

드뤽켄 지 디제스 지그날
벤 지 에트바스 노흐 브라우헨 자겐 지 베샤이트
Drücken Sie dieses Signal.
Wenn Sie etwas noch brauchen, sagen
Sie Bescheid.

환자 : 감사합니다.

당케 쇤
Danke schön.

그 밖에 환자가 해야 할 표현

1 : **화장실에 가고 싶습니다.**

이히 뫼헤테 아우프 디 토이렛테
Ich möchte auf die Toilette.

2 : **소변이 보고 싶습니다.**

이히 뫼헤테 바써 라센
Ich möchte Wasser lassen.

3 : **대변이 보고 싶습니다.**

이히 뫼헤테 슈툴강 마헨
Ich möchte Stuhlgang
machen.

4 : **마실 것 좀 주십시오.**

브링엔 지 미어 바스 트링켄
Bringen Sie mir was trinken.

5 : **갑자기 뒤가 마렵습니다.**

이히 뫼헤테 게라데 슈툴강 마헨
Ich möchte gerade Stuhlgang
machen.

6 : **산책을 해도 됩니까?**

다르프 이히 슈파찌어강 마헨

Darf ich Sparziergang machen?

7 : **의자에 앉아도 됩니까?**

다르프 이히 미히 젯쩬

Darf ich mich setzen?

8 : **전화를 걸어도 되겠습니까?**

다르프 이히 텔레폰니어렌

Darf ich telefonieren?

병원에서

9 : **담배 피워도 됩니까?**

다르프 이히 라우헨

Darf ich rauchen?

10 : **언제 퇴원하게 됩니까?**

반 칸 이히 다스 크랑켄하우스 베어라센

Wann kann ich das Krankenhaus verlassen?

11 : 진통제를 좀 주시겠습니까?

쾨넨 지 미어 린더룽스미텔 브링엔
Können Sie mir
Linderungsmittel bringen?

12 : 뭐 찬것 좀 주십시오.

브링엔 지 미어 에트바스 칼테스
Bringen Sie mir etwas Kaltes.

13 : 수면제를 좀 주시겠습니까?

쾨넨 지 미어 슐라프미텔 게벤
Können Sie mir Schlafmittel
geben?

14 : 숨쉬기가 곤란합니다.

이히 하베 베슈베르덴 바임 아트멘
Ich habe Beschwerden beim
Atmen.

15 : 피를 조금 뽑으려고 왔습니다.

이히 뫼헤테 블루트 압네멘
Ich möchte Blut abnehmen.

그 밖에 의사가 하는 말

16 : 여기 약이 있습니다.

히어 진트 디 타블레텐
Hier sind die Tabletten.

17 : 약을 드십시오.

네멘 지 디 타블레텐
Nehmen Sie die Tabletten.

18 : 식사를 다 하셨습니까?

하벤 지 숀 게게쎈
Haben Sie schon gegessen?

19 : 어지럽습니까?

이스트 에스 이넨 슈빈들리히
Ist es Ihnen schwindlig?

20 : 토할 것 같습니까?

퓔렌 지 지히 니히트 볼
Fühlen Sie sich nicht wohl?

21 : 가만히 걸어보세요.

게엔 지 말 아인 파 슈릿테
Gehen Sie mal ein paar
Schritte.

22 : 화장실에 가고 싶으십니까?

뫼히텐 지 이우프 디 토이렛테
Möchten Sie auf die Toilette?

23 : 어디 한번 봅시다.

이히 뫼히테 말 아이넨 블릭 드라우프 베
르펜
Ich möchte mal einen Blick
drauf werfen.

24 : 가만히 계세요.

블라이벤 지 루이히
Bleiben Sie ruhig.

25 : 왼쪽으로 누우세요.

레겐 지 지히 비테 아우프 디 링케 짜이테
Legen Sie sich bitte auf die
linke seite.

26 : 드러 누우세요.

레겐 지 지히 힌
Legen Sie sich hin.

27 : 엎드리세요.

레겐 지 지히 비테 아우프 뎀 바우흐
Legen Sie sich bitte auf dem Bauch.

28 : 돌아 누우세요.

드렌 지 지히 아우프 디 안데레 짜이테
Drehen Sie sich auf die andere Seit.

가만히 누워계세요.

레겐 지 지히 루이히
Legen Sie sich ruhig.

병원에서

29 : 내려오세요.   올라가세요.

콤멘 지 룬터   게엔 지 아우프
Kommen Sie runter.
Gehen Sie auf!

30 : 다 끝났습니다.

페르티히
Fertig.

잠시 기다려 주세요.

바르텐 지 아이넨 모멘트 비테
Warten Sie einen Moment, bitte.

31 : 편안히 쉬세요.

블라이벤 지 루이히
Bleiben Sie ruhig.

32 : (나는)아프지 않습니다.

에스 투트 미어 니히트 베
Es tut mir nicht weh.

33 : 상체를 구부려 보세요. (웅크려 보세요)

보이겐 지 지히 에트바스 나히 포르네
Beugen Sie sich etwas nach
vorne.

34 : 화장실로 가세요.

알레 오 또왈레뜨
Gehen Sie auf die Toilette.

35 : 쉬셔야 합니다.

지 졸렌 지히 아우스루엔
Sie sollen sich ausruhen.

상 황

소매치기를 당했어요.

미어 미스트 디 타쉐 게슈톨렌 보르덴

Mir ist die Tasche gestohlen worden.

················> 소매치기

여행객 : 도와주세요.

힐페 힐페
Hilfe! Hilfe!

내 지갑이 없어졌어요.

마인 겔트 보이텔 이스트 벡
Mein Geldbeutel ist weg.

보행인 : 기다리세요. 경찰을 부르겠습니다.

바르덴 지 이히 루페 폴리짜이
Warten Sie! Ich rufe Polizei.

상 황

간 밤에 방 안에 도둑이 들었어요.

In der Nacht, in der ich gekommen bin, war ein Dieb im Zimmer.

도난사건

호텔측: 저런 이를 어쩌나! 무얼 도난 당했습니까?

바스 진트 지 게슈톨렌
Was sind Sie gestohlen?

여행객 : 운전면허증, 신용카드, 여행자수표와 현금이요.

퓨러 솨인 포레디트카르테 라이제쉑크 운트 바겔트
Führerschein, Kreditkarte, Reisescheck
und Bargeld.

예정대로 여행할 수가 없어요.

이히 칸 니히테 메어 바이터 라이젠
Ich kann nicht mehr weiter reisen.

호텔측 :	신속한 조처를 하겠습니다.

비어 멜덴 아이넨 딥슈탈 조포르트
Wir melden einen Diebstahl sofort.

여행객 :	부탁합니다.

당케
Danke.

사누르은행 :	도이치은행입니다. 도와드릴까요?

도이치 방크 바스 칸 이히 퓨어 지 툰
Deutsch Bank. Was kann ich für Sie
tun?

여행객 :	신용카드를 도난당했습니다.

미어 부르데 디 크레디트카르테 게슈톨렌
Mir wurde die Kreditkarte gestohlen.

사누르은행 :	성함을 부탁합니다.

이어 나메 비테
Ihr Name, bitte.

여행객 :	한국에서 온 김인수입니다.

마이 나메 이스트 인수 김 아우스 코레아
Mein Name ist In Su, Kim aus Korea.

상 황 **내 차가 뒤에서 받혔습니다**

미어 이스트 에만트 힌텐 드라우프 게파렌

33

Mir ist jemand hinten drauf gefahren.

교통 사고

교통경찰 : **당신 실수가 아닙니다.**

다스 이스트 나히트 이어 펠러
Das ist nicht Ihre Fehler.

여행객 : **견인차 좀 불러주실까요?**

쾬넨 지 아이넨 쭉바겐 루펜
Können Sie einen Zugwagen rufen?

교통경찰 : **불러드리고 말고요.**

야 이히 마헤
Ja, ich mache.

면허증 좀 보여주실까요?

쾬넨지 지 미어 이렌 퓨러쉐인 짜이겐
Können Sie mir Ihren Führerschein zeigen?

상 황

6월 10일 뮌헨에서 프랑크푸르트까지 아침 비행기가 있습니까?

깁 에스 아이넨 풀룩 암 쩬덴 유니 모르겐스 폰 뮌헨 나하 프랑크푸어트

Gibt es einen Flug am 10. 6 morgens von München nach Frankfurt?

➤ 여행국에서 비행기 예약

여행사 : 네, 8시에 프랑크푸르트 공항발 직행이 있습니다.

야 에스 깁트 디렉테 페어빈둥 나하 프랑크푸어트 움 아하트 우어

Ja, es gibt direkte Verbindung nach Frankfurt um 8 Uhr.

여행객 : 좋습니다. 그 비행기에 예약을 하겠습니다.

굿 이히 부헤 아이넨 플랏츠

Gut, ich buche einen Platz.

일등석(이등석)을 부탁합니다.

에르스테(쯔바이테) 클라쎄 비테

Erste(zweite) Klasse, bitte.

예약 (side tab)

상 황 예약을 확인하려고 전화했습니다.

이히 뫼헤테 아이넨 풀룩 베슈테티겐

Ich möchte meinen Flug bestätigen.

예약이 유효한지 확인

여행사 : **날짜와 비행기 번호를 말씀해 주세요.**

게벤 지 미어 비테 다툼 운트 풀룩눔머
Geben Sie Mir bitte Datum und Flugnummer.

여행객 : **6월 10일이고 비행기 번호는 707입니다.**

암 쩨ㄴ덴 유니 엘하 지벤 눌지벤
Am 10, Juni, LH 707.

Acme :	성함은?

이어 나메
Ihr Name?

여행객 :	김인호입니다.

인호 김
In-ho Kim.

Acme :	잠시만 기다리세요.
	네, 예약이 유효한 것으로 재확인됐습니다.

바르텐 지 아이넨 모멘트 이어 플룩 이스트 베슈테티그트
Warten Sie einen Moment Ihr Flug ist bestätigt.

비행기 예약을 변경하고 싶습니다.

이히 뫼헤테 움부헨

Ich möchte Umbuchen.

예약 변경

항공사 : Lufthansa 항공사 예약처입니다. 도와드릴까요?

루프트한자 플룩게젤샤프트
바스 칸 이히 퓨어 지 툰

Lufthansa Fluggesellschaft.
Was kann ich für Sie tun?

여행객 : 저는 김인호입니다.
6월 10일 아침 8시 비행기를 예약했었는데 변경
하려고 합니다.

마인 나메 이스트 인호 김
이히 하베 덴 플룩 퓨어 덴 쩬덴 유니 모르겐스 움 아
하트 레저비어트 아버 이히 뫼헤테 움부헨

Mein Name ist In-ho Kim.
Ich habe den Flug fur den 10. Juni
morgens um 8 reserviert aber ich
möchte umbuchen.

항공사 : **어느 비행기편으로 바꾸시겠습니까?**

아우프 벨헴 풀룩 뫼헤텐 지 뭄부헨
Auf welchem Flug möchten Sie umbuchen?

여행객 : **1시 출발 비행기편으로 바꾸고 싶습니다.**
이용할 좌석이 있습니까?

이히 헤테 게른 덴 풀룩 움 아인 우어
하벤 지 플랏츠
Ich hätte gern den Flug um 1 Uhr. Haben Sie Platz?

항공사 : **네, 자리가 있습니다.**

야 비어 하벤 아이넨 플랏츠 퓨어 지
Ja, wir haben einen Platz für Sie.

상 황 항공편 예약을 재확인하고 싶습니다.

이히 뫼헤테 마이빈 플룩 베슈테티겐

37
Ich möchte meinen Flug bestätigen

⋯⋯⋯⋯➤ 귀국 비행기 예약 재확인

항공사 : 성함과 비행기 번호를 알려주세요.

이어 나메 운트 플룩눔머 비테
Ihr Name und Flugnummer bitte.

여행객 : 김인호입니다.
505 비행기편입니다.

마인 나메 이스트 인호 김
엘하 륌프 눌 륌프
Mein Name ist In-ho Kim.
LH 505.

항공사 : **5월 10일 오후 2시 서울행이었지요?**

퓨어 덴 쩬텐 마이 나하밋탁스 움
쯔바이 우어 리히퉁 나하 서울
**Für den zehnten Mai nachmittags um
2 Uhr Richtung nach Seoul?**

여행객 : **맞습니다.**

리히티히
Richting.

항공사 : **좋습니다.**
예약이 재확인 되었습니다.

굿 쇤 베슈테티그트
Gut, schön bestätigt.

지금 호텔을 나가고 싶습니다.

이히 뫼헤테 에스트 압라이젠

Ich möchte jetzt abreisen.

▶ 호텔에서 계산을 하고 나올 때

호텔 : 성함과 방 번호를 말씀해 주세요.

이어 나메 운트 이레 찜머눔머 비테
Ihr Name und Ihre Zimmernummer,
bitte.

여행객 : 김인호이고 505 호실입니다.

이히 빈 인호 김 운트 찜머 퓜프눌퓜프
Ich bin In-ho, Kim und Zimmer 505.

호텔 : 세금과 서비스 요금을 포함해서 200D.M 되겠습니다.

다스 마하트 쭈잠멘 쯔바이 훈데르트 마르크 미드
Das macht zusammen 200 D.M mit

슈토이어 운트 트링겔트
Steuer und Trinkgeld.

여행객 : 여행자수표로 지불하고 싶습니다.

이히 뫼헤테 미트 라이제쉑스 짤렌
Ich möchte mit Reiseschecks zahlen.

여기 있습니다.

히어 비테
Hier bitte.

호텔 : 감사합니다.
저희 호텔에 투숙하셔서 즐거우셨습니까?

당케 쇤
하벤 지 비리 운스 쇠비 짜이트 게합트
Danke, schön.
Haben Sie bei uns schöne Zeit gehabt?

여행객 : 네, 대단히 즐거웠습니다. 감사합니다.

야 제어 당케
Ja, sehr! Danke.

체크아웃

호텔에서 계산을 하고 나올 때

호텔 : 여기저기 여행하는 것을 좋아하십니까?

라이렌 지 게른
Reisen Sie gern?

여행객 : 그렇습니다.

야
Ja.

호텔 : 훗날 다시 오시게 되면 여러날 동안 묵다 가십시오.

이히 호페 지 임 운저렌 호텔 비더 쭈 제엔
Ich hoffe, Sie im unseren Hotel wieder zu sehen.

여행객 : 꼭 그렇게 하지요.

이히 호페 아우흐
Ich hoffe auch!

여행에 필요한 단어

1.	번화가	하우프트게쉐프츠슈트라세	Hauptgeschäftsstraße
2.	영업시간	게쉐프츠슈툰덴	Geschäftsstunden
3.	상점	게쉐프트	Geschäft
4.	가격표	프라이스리스테	Preisliste
5.	가락국수집	누델슈파이제하우스	Nudelspeisehaus
6.	가발	페뤼케	Perücke
7.	여행용가방	라이제코퍼	Reisekoffer
	멜빵가방	뤽작	Rücksack
	서류가방	악텐타쉐	Aktentasche
	큰가방	그로세 타쉐	große Tasche
8.	가을	헤릅스트	Herbst
9.	가전제품	엘렉트로게레트	Elektrogerät

키포인트

10. 모조품　　　　　이미타찌온　　　Imitation
　　위조품·가짜　　나하아뭉　　　　Nachahmung
　　사기꾼　　　　　가우너 베트뤼거

　　　　　　　　　　　　　　　　　Gauner, Betrüger

　　위조지폐　　　　다스 팔쉐 겔트

　　　　　　　　　　　　　　　das falsche Geld

　　위조수표　　　　데어 팔쉐 쉐크

　　　　　　　　　　　　　der falsche Scheck

11. 위험　　　　　　게파　　　　　Gefahr
12. 경찰관 파출소　　폴리짜이　　　　Polizei
13. 경치　　　　　　아우스블릭　　　Ausblick
　　조망　　　　　　아우스지히트　　Aussicht
14. 산수의 경치　　　나튜어리헤 아우스지히트

　　　　　　　　　　　　　natürliche Aussicht

15. 바다의 경치　　　디 아우스지히트 아우프 다스 메어

　　　　　　　　　　die Aussicht auf das Meer

16. 시골 경치　　　　랜틀리헤 제네리

　　　　　　　　　　　　ländliche Szenerie.

17. 아름다운 경치　　쉐네 란트샤프트

　　　　　　　　　　　　　　schöne Landschaft

18. 경치 좋은 곳　　아우스지히츠풍크트

　　　　　　　　　　　　　　Aussichtspunkt

19. 경치가 좋다　　에스 이스트 란트샤프틀리히 쉔

　　　　　　　　　　　　Es ist landschaftlich schön

20. 확트인 경치를 내려다 보다 만 하트 아이넨 바이텐 아우스블릭

　　　　　　　　　　　Man hat einen weiten Ausblick

21. 관광 기념품　　안덴켄　　　　　Andenken.

22. 기념품 매장　　쥬비니어라덴　　Souvenirladen

23. 관광 안내소　　투리스트 인포마찌온

　　　　　　　　　　　　　Tourist Information

24. 관광호텔　　　투리스텐호텔　　Touristenhotel

25. 유람 여행　　　룬트라이제　　　Rundreise

26. 관광지　　투리스텐악트라찌온　Touristenattraktion

키포인트

27. 시내관광　　　　　슈타트룬트파르트　　　Stadtrundfahrt

28. 관광 안내자　　　　투리스텐퓨러　　　　　Touristenführer

29. 백화점 매장감독(안내)

　　카우프하우스 인포마찌온　　　Kaufhausinformation

30. 단체여행　게젤샤프츠라이제　　Gesellschaftsreise

31. 단체행동 게마인샤프틀리혜스 한델른

　　　　　　　　　　　　　gemeinschaftliches Handeln

32. 야간비행　　　　　나하트플룩　　　　　　Nachtflug

33. 여객기의 객실 승무원　슈테바르데스　　　Stewardes

34. 항공회사의

　　비행 편　　　　　플룩　　　　　　　　Flug

35. 비행기 여행

　　(항공여행)　　　플룩라이제　　　　　Flugreise

36. 여객기의 좌석등급　클라세　　　　　　　Klasse

♣ 요금이 높은 순으로

(1) 에르스테클라쎄   erste Klasse

(2) 비즈니스클라쎄   Business Klasse

(3) 에크노미클라쎄   Economy Klasse

(4) 투리스텐클라쎄   Touristen Klasse

37. 객석의 특별2등

(first class와 tourist class의 중간)

38. 기장	필로트	Pilot
39. 비행기의 여자승무원	슈테바르데스	Stewardes
40. 태평양횡단비행	데어 트란스파찌피쉐 폴룩	

der transpazifische flug

키포인트

41. 무착륙 비행	디렉트폴룩	Direktflug
선회 비행	쿤스트폴룩	Kunstflug
저공 비행	티펜폴룩	Tiefenflug
고공 비행	회네폴룩	Höhneflug
장거리 비행	페른폴룩	Fernflug
직선 비행	게라덴폴룩	Geradenflug

42. 항공관제(소)	콘트롤레	Kontrolle
관제탑	콘틀롤투름	Kontrollturm
43. 비행기록장치	풀룩레코르테	Flugrekorder
44. 탑승하는항공기관사	풀룩엔지니어	Flugingenieur
45. 비행경로	풀룩 슈트렉케	Flugstrecke
46. 비행편 번호	풀룩눔머	Flugnummer
47. 활주로	글라더트반	Gleitbahn.
48. 계단, 층계	트레페	Treppe
49. 김포공항	김포 풀룩하펜	
		Kimpo Flughafen
50. 공항 택시	탁시 암 풀룩하펜	
		Taxi am Flughafen
51. 면세점	두터프리 숍	Duty-free shop

52. 면세품　　　　　　쫄프라이어 아르티켈

　　　　　　　　　　　　　　　　Zollfreier Artikel

53. 호텔의 로비　　　　포이어　　　　Foyer
　　(응접실 · 휴게실)

54. 호텔보이　　　　　호텔보이　　　　Hotelboy

55. 호텔의 객실담당원　찜머 메티첸

　　　　　　　　　　　　　　　　Zimmermädchen

56. 객실 번호　　　　　찜머 눔머

　　　　　　　　　　　　　　　　Zimmer-Nummer

57. 호텔 · 하숙 등에서 방에서 식사를 날라다 주는 룸써비스

　　　　　　　　　　룸 써비스　　　Room service

58. 영국의 민박풍호텔　비 엔 비　　　B & B

59. 간이숙박소　　　　다스 빌리게 로기어 하우스

　　　　　　　　　　　　　das billige Logierhaus

60. 1인실   아인쩨ㄹ찜머

                            Einzelzimmer

    2인실   도펠찜머

                            Doppelzimmer

   싱글베드가 두 개의 방 아인 찜머 미트 쯔바이 베텐

                 Ein Zimmer mit zwei Betten

61. 호텔·극장 등의 휴대품 일시 보관소

                 슐리스파허   Schließfach

62. 공항의 수하물 찾는곳   게펙뤽가베   Gepäckrückgabe

63. 수하물 꼬리표   게펙솨인   Gepäckschein

64. 수하물 계원   게펙압페르티궁스베암테

                Gepäckabfertigungsbeamte

65. 수화물 중량제한   게비히츠그렌쩨   Gewichtsgrenze

66. 호화객실(한벌의 방) 룩수스찜머

Luxuszimmer

67. 경식당 　　　　　임비스　　　　Imbiß

68. 호텔요금 　　　　호텔레히눙 　　Hotelrechnung

69. 숙박료 청구서 　　레히눙 　　　　Rechnung

70. 관광지의 호텔 　　푸리스텐호텔 　Touristenhotel

71. 1박 3식의 요금레히눙 퓨어 아이네 유버나하퉁, 드라이 에쎈

Rechnung für eine Übernachtung, drei Essen

72. 아침식사 포함 요금 레히눙 밋트 푸뤼슈틱

Rechnung mit Frühstück

73. 1박 2식 요금 레히눙 퓨어 아이네 위버나하퉁 쯔바이 에쎈

Rechnung für eine Übernachtung, zwei Essen

74. 청소나 침대정리를 찜머메디천

하는 여성 　　　　Zimmermädchen

75. 투숙객의 편의를 살펴주는 부서(세탁·옷·구두닦이)

게스테부흐 압타일눙

Gästebuch Abteilung

76. 환전　　　　　　　　겔트벡셀　　　　　　Geldwechsel

　　환전소　　　　　　　겔트벡스러라덴

　　　　　　　　　　　　　　　　　　　　　Geldwechslerladen

77. 세관 신고　　　　　　쫄안멜둥　　　　　　Zollanmeldung

78. 세관에서 신고하다　　데클라리어렌　　　　deklarieren

　　신고품이 있습니까?　하벤 지 바렌 안쭈멜덴

　　　　　　　　　　　　　Haben Sie Waren anzumelden?

79. 예약필 (게시)　　　　레저비어르트　　　　Reserviert!

80. 예약 · 예약실　　　　레저비어룽　　　　　Reservierung

81. 호텔예약 담당직원　　베어안트보르틀리혀 퓨어 레저비어룽

　　　　　　　　　　　　　Verantwortliche für Reservierung

82. 자동차의 주유소　　　탕크슈텔레　　　　　Tankstelle

83. 음식의 1인분　　　　아이네 포르찌온　eine Portion

　　한끼분의 음식 (음료)　아인 말　ein Mahl.

알려드립니다.

아이네 두르히자게

Eine Durchsage.

·········▶ 탑승하라는 방송 (1)

여러분 알려드립니다.

대한항공 서울행 10편 탑승객은 7번 탑승구로 탑
승하시기 바랍니다.

아이네 두르히자게
파샤쥐레 퓨어 칼 쩬 나하 서울 비테 핀텐 지 지히 안
플룩슈타이게 지벤 아인
Eine Durchsage.
Passagiere für KAL 10 nach Seoul,
bitte finden Sie sich an Flugsteige 7
ein.

돌아올때

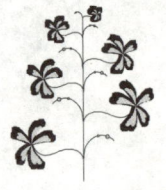

여러분 알려드립니다.
아시아나항공 서울행 10편 탑승객은 7번 탑승구
로 탑승하시기 바랍니다.

아이네 두르히자게
파샤쥐레 퓨어   쩬 나하 서울 비테 핀덴 지 지히
안 풀룩슈타이게 지벤 아인

Eine Durchsage.
Passagiere fur   10 nach Seoul,
bitte finden Sie sich an Flugsteige 7
ein.

서울행 10편 비행기는 정시에 출발 (도착) 할 예정
입니다.

풀룩 쩐 나하 서울 비르트 퓡크틀리히 슈타르텐
Flug 10 nach Seoul wird pünktlich
starten(ankommen).

공항카운터에서 : 금연석에 창 옆좌석으로 주십시오.

비테 게벤 지 미어 아이넨 펜스터플랏츠
임 니히트리우허베라이히
Bitte geben Sie mir einen Fensterplatz
im Nichtraucherbereich.

돌아올때

상 황

면세품을 사고 싶습니다.

이히 뫼헤테 두티-프리 바렌 키우펜

Ich möchte Duty-free Waren kaufen.

48

면세품 구입

여행객 : **면세점이 어디에 있습니까?**

보 이스트 데어 두티-프리 숍
Wo ist der Duty-free shop?

다른여행객 : **저도 방향이 같습니다.**

저를 따라 오십시오.

이히 게 아우 도르트 힌
Ich gehe auch dort hin.

폴겐 지 미어 비테
Folgen Sie mir, bitte.

여행객 : **감사합니다.**

당케
Danke.

면세점 : 도와드릴까요?

바스 뫼헤텐 지
Was möchten Sie?

여행객 : 담배 한 상자 주십시오.

아이네 솨하테 짜가레텐 비테
eine Schachte Zigaretten, bitte.

면세점 : 그외 사실 것이 있으십니까?

부리우헨 지 노흐 에트바스
Brauchen Sie noch etwas?

여행객 : 이 향수도 주세요.

디제스 파르퓜 아우
Dieses Parfüm auch.

영수증 부탁합니다.

디 크비퉁 비테
die Quittung, bitte.

돌아올 때

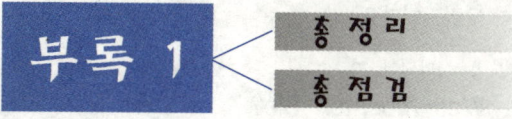

부록 1

총 정 리
총 점 검

1. 항공편 전화 예약

프랑크푸르트행 항공편을 예약하고 싶습니다.

이히 뫼헤테 아이넨 플룩 나하 프랑크푸르트 부헨
Ich möchte einen Flug nach Fraukfurt buchen.

2. 항공권 구입

뮌헨행 편도 항공권 한 장 구입하고 싶습니다.

이히 뫼헤테 아인 플룩티켓 나하 뮌헨 아후
Ich möchte ein Flugticket nach München auch.

3. 항공편 예약 재확인

나의 이름은 김인호입니다.
항공편 예약을 재확인하고 싶습니다.

마인 나메 이스트 인호 킴
이히 뫼헤테 마이빈 플룩 베슈테티겐
Mein Name ist In-ho Kim.
Ich möchte meinen Flug bestätigen.

4. 항공편 예약 취소

예약을 취소하고 싶습니다.

이히 뫼헤테 마이네 부홍 쭈릭 찌엔
Ich möchte meine Buchung zurückziehen.

하나,둘 해외여행 독일어

5. 다른 항공기편으로 예약 변경

밤 아홉시에 출발하는 비행기로 예약을 바꾸고 싶습니다.

이히 뫼헤테 아우프 뎀 풀룩 움 보인 우어 아벤트 움부헨
Ich möchte auf dem Flug um 9 Uhr abends umbuchen.

6. 도움을 청함

이것이 나의 좌석번호인데 좀 찾아서 앉혀주시겠습니까?

쾨느넨 지 미어 짜이겐 보 마인 플랏츠 이스트
Können Sie mir zeigen, wo mein Platz ist?

7. 요구

베개와 담요를 쓰고 싶습니다.

이히 헤테 게른 아인 콥프키센 운트 아이네 볼더케
Ich hätte gern ein Kopfkissen und eine Wolldecke.

8. 지불

여행자[한화]로 지불할 수 있습니까?

칸 이히 미트 라이제쉑스(원) 짤렌
Kann ich mit Reisechecks(won) zahlen?

9. 구토

토할 것 같습니다.

미어 이스트 위벨
Mir ist übel.

10. 마실 것

마실 것 좀 주시겠어요?

쾬넨 지 미어 에트 바스 쭈 트링켄 브링엔
Können Sie mir etwas zu trinken bringen?

11. 먹을 것

무엇을 좀 먹고 싶습니다.

이히 뫼헤테 에트바스 에센
Ich möchte etwas essen.

12. 어지러움

나는 어지럽습니다.

미어 이스트 슈빈들리히
Mir ist schwindlig.

13. 통과여객

나는 통과여객입니다.

이히 빈 트란짓-파사지어
Ich bin Transit-Passagier.

나는 비행기를 갈아타야 합니다.

이히 무스 움슈타이겐
Ich muß umsteigen.

14. 목 적

관광차

투리스트
Tourist.

사업차

게쉐프츠라이제
Geschäftsreise.

15. 수하물

실례지만 수하물 찾는 곳이 어디에 있습니까?

엔트슐디겐 지 비테 보 이스트 디 게펙뤽가베
Entschuldigen Sie bitte, wo ist die
Gepäckrückgabe?

16. 세관검사

신고할 것이 없습니다.

이히 헤베 니히츠 쭈 테클라리어렌
Ich habe nichts zu deklarieren.

17. 영수증[보관증]

영수증[보관증]을 주십시오.

게벤 지 미어 비테 이우프베바룽스솨인
Geben Sie mir bitte Aufbewahrungsschein.

18. 환　전

한화를 마르크로 바꾸고 싶습니다.

이히 뫼히테 원 인 마르크 벨셀른
Ich möchte won in D-Mark wechseln.

동전으로 주세요.

게벤 지 미어 비테 클라인겔트
Geben Sie mir bitte Kleingeld.

100마르크 지폐로 주시겠어요?

훈테르트마르크쇼이네 비테
Hundertmarkscheine, bitte.

19. 임대차

차를 빌리고 싶습니다.

이히 뫼히테 아이넨 바겐 미텐
Ich möchte einen Wagen mieten.

전세차

미트아우토
Mietauto.

20. 여행사 알선 여행

우리는 여행사 알선 여행자들입니다.

비어 진트 투리스텐그루페
Wir sind Touristengruppe.

우리는 안내자의 인솔을 받는 관광객입니다.

데어 푸리스텐퓨러 라이테트 운스
Der Touristenführer leitet uns.

21. 관광버스

이것이 우리의 관광버스입니다.

다스 이스트 운저 투렌부스
Das ist unser Tourenbus?

22. 소요시간

거기에 도착하는데 얼마의 시간이 걸립니까?

비 랑에 디우에르트 에스 도르트 안쭈콤멘
Wie lange dauert es, dort anzukommen?

23. 거 리

거리가 얼마나 됩니까?

비 바이트 이스트 에스
Wie weit ist es?

24. 버스운전사

나는 여기가 초행입니다. 시청까지 갑니다.

도착하면 내리라고 일러주세요.

이히 빈 프렘트 히어 브링엔 지 미히 비테 쭘 라트하우스
자겐 지 미어 비테 보 이히 아우스슈타이겐 졸
Ich bin fremd hier. Bringen Sie mich bitte zum
Rathaus. Sagen Sie mir bitte, wo ich
aussteigen soll.

25. 버스에 타고 확인

이것이 시청행 버스 맞습니까?

패어트 디저 부스 쯤 라트하우스
Fährt dieser Bus zum Rathaus?

26. 어디에서 탈 수 있습니까?

보 칸 이히 덴 부스 네멘
Wo kann ich den Bus nehmen?

27. 택 시

시청까지 갑시다.

파랜 지 비테 쯤 라트하우스
Fahren Sie bitte zum Rathaus!

요금이 얼마입니까?

비필 코스테트 디 탁시파르트
Wieviel kostet die Taxifahrt?

거스름 돈은 넣어두세요.

데어 레스트 이스트 퓨어 지
Der Rest ist für Sie.

28. 이 근방에 버스 정거장이 있습니까?

깁트 에스 아이네 부스할테슈텔레 인 데어 네
Gibt es eine Bushaltestelle in der Nähe?

이 근방에 한국식당이 있습니까?

깁트 에스 아인 코레아니쉐스 레스토랑 인 데어 비
Gibt es ein koreanisches Restaurant in der Nähe?

29. 호텔 예약

이틀 동안 묵을 방을 예약하고 싶습니다.

이히 뫼헤테 아인 찜머 퓨어 쯔바이 타게 레저비어렌
Ich möchte ein Zimmer für zwei Tage reservieren.

경치 좋은 방을 원합니다.

이히 뫼헤테 아인 찜머 밋트 쇠너 이우스지히트
Ich möchte ein Zimmer mit schöner Aussicht

햇볕이 잘 드는 방을 원합니다.

아인 찜머 밋트 필 존네 비테
Ein Zimmer mit viel Sonne, bitte.

그 호텔은 몇 층 건물입니까?

비 필레 슈톡베르케 핫 다스 호텔
Wie viele Stockwerke hat das Hotel?

김인호란 이름으로 예약하고 왔습니다.

이히 하베 미히 아우프 덴 나멘 인호 김 레저비어트
Ich habe mich auf den Namen In-ho Kim reserviert.

30. 잠을 깨우는 전화

내일 아침 6시 30분에 깨워줄 수 있습니까?

쾬넨 지 미히 모르겐 움 젝스 우어 벡켄
Können Sie mich morgen um sechs Uhr wecken?

31. 물표를 받고 짐을 맡김

이 짐을 맡길 수 있습니까?

칸 이히 히어 마인 게펙 이우프게벤
Kann ich hier mein Gepäck aufgeben?

귀중품을 맡길 수 있습니까?

칸 이히 히어 마이네 베르트자혜 안베어트리우엔
Kann ich hier meine Wertsache anvevtrauen?

32. 열쇠문제

렌터카 안에 열쇠를 두고 문을 잠그었습니다.

이히 하베 덴 슐뤼셀 임 미트아우토 페어게센
Ich habe den Schlüssel im Mietauto vergessen.

방 안에 열쇠를 둔채 문을 잠그었습니다.

이히 하베 덴 슐뤼셀 임 찜머 페어게센
Ich habe den Schlüssel im Zimmer
vergessen.

33. 식당 예약

두 사람이 식사할 창가 테이블을 예약하고 싶습니다.

이히 뫼헤테 아이넨 티쉬 암 펜스터 퓨어 쯔바이
페르존넨 레저비어렌 라센
Ich möchte einen Tisch am Fenster für zwei
Personen reservieren lassen.

34. 식사 주문

두 사람이 먹을 돼지고기구이로 주세요.

비어 베슈텔렌 쯔바이 말 슈바인브라텐
Wir bestellen zwei mal Schweinbraten.

35. 열차의 좌석 예약

함브르크행 열차의 좌석을 예약하고 싶습니다.

이히 뫼헤테 아이넨 플랏츠 나하 함부르크 레저비어렌 라센
Ich möchte einen Platz nach Hamburg reservieren lassen.

완행열차입니까? 직행열차입니까?

이스트 다스 로칼쭉 오더 페른-데-쭉
Ist das Lokalzug oder Fern-D-Zug?

36. 침대객차를 원합니다.

이히 뫼헤테 아이넨 슐라프바겐
Ich möchte einen Schlafwagen.

37. 몇 호선

시청행 열차는 몇 호선입니까?

벨헤 린니에 페르트 쭘 라트하우스
Welche Linie fährt zum Rathaus?

3번선인가요? 4번선인가요?

린니에 드라이 오더 피어
Linie 3 oder 4?

38. 몇 정거장

시청까지는 몇 정거장 더 가야 합니까?

비 필레 슈타찌오넨 무스 이히 쭘 라트하우스 바이터 파렌
Wie viele Stationen muß ich zum Rathaus weiter fahren?

부록
총정리
총점검

39. 유람선

유람선은 어디서 탑니까?

보 칸 이히 다스 쉬프 파렌
Wo kann ich das Schiff fahren?

40. 멀 미

나는 배멀미를 한다. [차멀미 • 비행기멀미]

이히 빈 제크랑크 (파크랑크 루프트크랑크)
Ich bin seekrank(fahrkank, luftkrank)

41. 항공우편

항공우편으로 한국에 편지를 보내고 싶습니다.

이히 뫼헤테 이젠 브리프 나하 코레아 밋트 루프트포스트 쉬켄
Ich möchte diesen Brief nach Korea mit
Luftpost schicken.

42. 속달 소포

한국에 이 소포를 속달로 보내고 싶습니다.

이히 뫼헤테 디제스 팩켄 나하 코레아 알스 아일포스트 쉬켄
Ich möchte dieses Päcken nach Korea als
Eilpost schicken.

43. 서울로 전화

서울로 해외전화를 하고 싶습니다. 요금 수신인 지불통화
입니다.

이히 뫼헤테 아인 페른게슈프레히 나하 서울 운트 아인 아르-
게슈프레히 안멜덴
Ich möchte ein Ferngespräch nach Seoul
und ein R-Gespräch anmelden.

전화번호는 02-730-7685. 나의 이름은 김인호.
여기 번호는 208-9030

디 눔머 인 서울 이스트 눌쯔바이 지번 드라이 눌-지벤젝스아하트퓜프
마인 나메 이스트 인호 김
마이네 눔머 이스트 쯔바이 눌 아하트-노인눌드라이눌
Die Nummer in Seoul ist 02-730-7685.
Mein Name ist In-ho, Kim.
Meine Nummer ist 208-9030.

ㄴㄴ. 선물용으로 포장

페어파쿵 알스 게솅크　Verpackung als Geschenk

ㄴ5. 소포용으로 포장

페어파쿵 알스 파켓트　Verpackung als Paket.

ㄴ6. 국가번호 · 도시번호

한국 전신 번호 좀 일러주시겠습니까?

비 이스트 디 포아발눔머 본 코레아
Wie ist die Vorwahlnummer von Korea?

서울의 전신 번호는 무엇입니까?

비 이스트 디 포아발눔머 폰 서울
Wie ist die Vorwahlnummer von Seoul?

ㄴ7. 호텔에서 여행국 국내전화.

한국에 스떼이숀 콜을 부탁합니다.

이히 뫼혜테 나하 서울 텔레폰니어렌
Ich möchte nach Korea telefonieren.

48. 전화요금

요금은 제 방으로 청구해 주세요.

비테 슈라이벤 지 다스 이우프 마이넨 나멘
Bitte schreiben Sie das auf meinen Namen.

49. 직통전화 독일에서 한국으로

순서 1. 82 (한국 국가 코드)
순서 2. 2 (서울 코드)
순서 3. 785-2450 (통화대상 전화번호)

50. 나는 토마스와 통화하고 싶습니다.

이히 뫼헤테 밋트 토마스 슈프레헨
Ich möchte mit Tomas sprechen.

51. 공중전화

이 근처에 공중전화가 있습니까?

깁 에스 아이네 텔레폰쩰레 인 데어 네 폰 히어
Gibt es eine Telefonzelle in der Nähe von
hier?

52. 상품 판매

여기서 선글라스・색안경을 팝니까?

이히 뫼헤테 아이네 존네브릴레 키우펜
Ich möchte eine Sonnebrille kaufen.

53. 배 달

호텔까지 배달해 줄 수 있습니까?

쾬넨 지 에스 비테 인스 호텔 리페른
Können Sie es bitte ins Hotel liefern?

54. 관광명소

여기서 최고로 꼽히는 관광명소는 무엇입니까?

바스 이스트 디 베륌테스테 아트락찌온 히어
Was ist die berühmteste Attraktion hier?

55. 시내구경

시내구경을 하고 싶습니다.

이히 뫼헤테 아이네 슈타트룬트파르트 마헨
Ich möchte eine Stadtrundfahrt machen.

56. 안내 의뢰

안내해 주시겠습니까?

쾬넨 지 운스 아이네 퓌룽 마헨
Können Sie uns eine Führung machen?

57. 처 방

처방전대로 약을 지어주십시오.

베라이텐 지 미어 디 아르쯔나이 나하 페어슈라이붕 쭈
Bereiten Sie mir die Arznei nach
Verschreibung zu.

부
록
총
정
리
와
총
점
검

58. 주 사

주사를 맞을 수 있을까요? 열이 있습니다.

쾬넨 지 미어 아인슈프릿중 게벤 이히 하베 피버
Können Sie mir Einspritzung geben? Ich habe Fieber.

59. 분 실

돈지갑을 분실했습니다.

이히 하베 마이넨 겔트보이텔 페어로렌
Ich habe meinen Geldbeutel verloren.

60. 도 난

돈지갑을 소매치기 당했습니다.

만 핫트 미어 마이넨 겔트보이텔 게슈톨렌
Man hat mir meinen Geldbeutel gestohlen.

61. 둔채 잊고 가다.

실례합니다. 제 카메라를 버스 안에 놓고 내렸습니다.

페어찌이웅 이히 하베 마이네 카메레 임 부스 페어라쎈
Verzeihung, Ich habe meine Kamera im Bus verlassen.

62. 선 물

딸에게 줄 생일선물입니다.

쎄 떵 까도 뿌르 마 삐이
Das ist ein Geburtstagsgeschenk für meine Tochter.

63. 도난 신고

도난 신고하고 싶습니다.

다히 외헤테 아이넨 딥슈탈 멜덴
Ich möchte einen Diebstahl melden.

64. 매니저

매니저 좀 불러주세요.

루펜 지 비테 매니저
Rufen Sie bitte Manager!

65. 찾는 짐이 없을 때

짐을 찾을 수 없습니다.

이히 칸 마인 게펰 니히트 핀덴
Ich kann mein Gepäck nicht finden.

66. 교통사고

한국에서 온 김인수입니다. 교통사고를 냈습니다.

이히 빈 인수 김 아우스 코레아
아인 아우토운팔 이스트 파시어르트
Ich bin In-Su, Kim aus Korea.
Ein Autounfall ist passiert.

67. 부 상

왼쪽 팔에 부상을 입었습니다.

이히 하베 미어 덴 린켄 아룸 페어레츠트
Ich habe mir den linken Arm verletzt.

68. 호텔로 연락

제 가방을 찾는대로 연락해 주십시오.

자겐 지 미어 비테 베솨이트 벤 지
마이넨 코퍼 비더 핀덴 뷔르덴
Sagen Sie mir bitte Bescheid, wenn Sie
meinen koffer wieder finden würden.

69. 탑승 수속

서울행 KAL 205기의 탑승 수속을 어디서 합니까?

보 칸 이히 칼 쯔바이눌륌프 나하 서울 아인첵켄
Wo kann ich K.A.L 205 nach Seoul
einchecken?

70. 송이

포도 한 송이 주십시오.

아이네 트리우베 비터
Eine Traube, bitte.

71. 감   사

도와주셔서 감사합니다.

당케 쉔 퓨어 이레 힐페
Danke schön für Ihre Hilfe.

고맙습니다.

당케 쉔   Danke schön.

아닙니다. 괜찮습니다.

비테 쉔   Bitte schön.

72. 사례에 답

천만에요.

나히츠 쭈 당켄
Nichts zu danken.

73. 사과 · 유감 · 아쉬움

발을 밟았나요? 죄송해요.

하베 이히 이넨 아우푸 덴 푸스 게트레텐 투트 미어 라이트
Habe ich Ihnen auf den Fuß getreten? Tut mir leid.

유감이지만 갈 수가 없습니다.

라이데 칸 이히 니히트 게엔
Leider kann ich nicht gehen.

74. 실   례

실례지만 잠깐 [잠깐만 실례하겠습니다. 잠깐 무엇 좀 물어보겠습니다 등]

엔트슐디겐 지 비테
Entschuldigen Sie bitte.

75. 정중한 의뢰나 권유

커피 한 잔 드시겠습니까?

볼렌 지 아이네 타세 카페
Wollen Sie eine Tasse Kaffee?

76. 바라다, 원하다 · 갖고 싶다.

나는 ~을 원한다 · 갖고 싶다.

이히 뫼헤테 - Ich möchte ____.

나는 새 차를 (몹시) 갖고 싶다.

이히 뫼헤테 아인 노이에스 이우토 하벤
Ich möchte ein neues Auto haben.

나는 ~하기를 원한다 · 바란다. ~하고 싶다.

이히 뫼헤테~
Ich möchte~

시내에 가고 싶다.

이히 뫼헤테 인 디 슈타트 파렌
Ich möchte in die Stadt fahren.

77. 필 요

너는 ~할 필요가 있다. 너는 ~하지 않으면 안 된다.
즉시 의사의 진찰을 받아야 하겠다.

두 졸스트 (무스트)
두 졸스트 글라이히 쭘 아르츠트 게엔
Du sollst (mußt) ~
Du sollst gleich zum Arzt gehen.

78. 강한 선택

나는 ~하는 쪽이[편이] 낫다.

이히 뫼헤테 리버____ Ich möchte lieber____.

나는 갈비를 먹는 편이 낫겠어요.

79. 허 가

내가 ~해도 좋습니까?

다르프 이히____ - Darf ich____?

여기서 담배를 피워도 좋습니까? 네, 좋습니다.

다르프 이히 히어 리무헨 야

Darf ich hier rauchen? Ja.

사적인 질문을 해도 좋습니까?

다르프 이히 이넨 아이네 프리바테 프라게 슈텔렌

Darf ich Ihnen eine private Frage stellen?

80. 정중한 표현

저는 ~을 원합니다.

이히 헤테 게른____ - Ich hätte gren____.

커피 한 잔을 원합니다.

이히 헤테 게른 아이네 타쎄 카페

Ich hätte gern eine Tasse Kaffee.

저는 ~하기를 원합니다.

이히 뫼헤테____ - Ich möchte____.

저는 미스터 브라운을 면회하기 원합니다.

이히 뫼헤테 헤른 브라운 베주헨

Ich möchte Herrn Braun besuchen.

당신을 만나뵙고 싶습니다.

이히 뫼헤테 지 베주헨

Ich möchte Sie besuchen.

81. 예 정

나는 ~할 예정입니다.

이히 베르데____ - Ich werde____.

나는 시내를 구경할 예정입니다.

이히 베르데 디 슈타트룬트파르트 마헨
Ich werde die Stadtrundfahrt machen.

장소에 갈 예정

나는 발리에 갈 예정입니다. [갑니다]

이히 파레 나하 발리
Ich fahre nach Bally.

수퍼마켓에 갈 예정입니다.

이히 게 쭘 아인카우프
Ich gehe zum Einkauf.

82. 상대방의 예정 [언제·누가·어디서·무엇을·어떻게·왜]

언제 가실 예정입니까?

반 게엔 지
Wann gehen Sie?

누구를 만날 예정입니까?

벤 트레펜 지
Wen treffen Sie?

어디에서 식사하실 예정입니까?

보 에쎈 지
Wo essen Sie?

83. 몇 차례·몇 번

함부르크 가는 여객기는 하루에 몇 차례나 있습니까?

비 오프트 플릭트 데어 플룩 나하 함부르크 프로 탁
Wie oft fliegt der Flug nach Hamburg pro Tag?

뮌헨 가는 열차는 하루에 몇 차례나 있습니까?

비 오프트 페르트 데어 쭉 나하 뮌헨 프로 탁
Wie oft fährt der Zug nach München pro Tag?

84. 지 연

얼마나 지연됩니까? (출발이)

움 비필 페어슈페테트 지히 다스 플룩쪼익
Um wieviel verspätet sich das Flugzeug?

85. 연 착

여객기는 30분 연착했습니다.

데어 플룩 하테 드라이씨히 미누텐 페어슈페퉁
Der Flug hatte 30 Minuten Verspätung.

86. 통과여객

통과여객입니다.

이히 빈 트란짓-파사지어
Ich bin Transit-Passagier.

87. 무착륙 비행

이것은 (서울로) 직행합니까?

플릭트 디 마쉬네 디렉트 나하 서울
Fliegt die Maschine direkt nach Seoul?

88. 도중착륙

일본에서 도중착륙합니다.

플릭트 밋트 쯔비션 스톱 인 야판
Fliegt mit zwischen Stop in Japan.

89. 갈아타다

나는 다른 여객기로 갈아타야만 한다.

이히 무스 움슈타이겐
Ich muß umsteigen.

90. 갈아타는 공항

갈아타는 공항 이름은 무엇입니까?

비 하이스트 데어 트란짓-플룩하펜
Wie heißt der Transit-Flughafen?

91. 양 보

먼저 타세요. 먼저 가세요. 먼저 하세요.

나하 이넨
Nach Ihnen!

92. 물건 값

값을 깎을 수 있습니까?

쾬넨 지 에스 니히트 에트바스 빌리거 페어카우펜
Können Sie es nicht etwas billiger
verkaufen?

값을 조금 깎아줄 수 있습니까?

쾬넨 지 에스 니히트 에트바스 빌리거 페어카우펜
Können Sie es nicht etwas billiger
verkaufen?

93. 출국수속

출국수속은 마치셨습니까?

진트 지 페르티히 압리이제 아인쭈첵켄
Sind Sie fertig, Abreise einzuchecken?

94. 현지 시간

독일현지 시간은 몇 시입니까?

비 슈페트 이스트 에스 예츠 인 도이취란트
Wie spät ist es jetzt in Deutschland?

95. 다음 비행기

서울행 다음 비행기는 몇 시에 떠납니까?

반 깁트 데어 네헤스테 플룩 나하 서울
Wann gibt der nächste Flug nach Seoul?

96. 이 열차에 식당차가 있습니까?

핫트 디저 쭉 아이넨 슈파이제바겐
Hat dieser Zug einen Speisewagen?

97. 좌 석

미안합니다. 이 자리에 앉아도 될까요?

엔트슐디궁 이스트 디저 플랏츠 노흐 프라이
Entschuldigung, Ist dieser Platz noch frei?

98. 1박 예정

하이델베르그에서 1박할 예정입니다.

이히 베르데 아이네 나하트 인 하이델베르그 위버나하텐
Ich werde eine Nacht in Heidelberg übernachten.

100. 2박 3일 여행

드레스덴로 2박 3일 여행을 할 예정입니다.

이히 마헤 아이네 라이제 드라이 타게 랑 나하 드레스덴
Ich mache eine Reise drei Tage lang nach Dresden.

101. 1인실

나는 1인실을 예약하고 싶습니다.

이히 뫼헤테 아인 아인쩰찜머 레저비어렌
Ich mochte ein Einzelzimmer reservieren.

대화할 때/소개할 때/감사할 때/사과할 때
도움이나 찬절에 대하여/감사표현에 대한 응답/
길을 물을 때와 안내할 때

대화할 때 필요한 기본표현

● 다시 한번 말씀해 주시겠습니까?

쾰넨 지 노흐 아인말 자겐
Können Sie noch einmal sagen?

● 말씀을 잘 알아들을 수가 없군요.

이히 칸 니히트 굿 회렌
Ich kann nicht gut hören.

● 말씀하시는 것을 이해할 수 없군요.

이히 칸 이어 보르트 니히트 페어슈텐
Ich kann Ihr Wort nicht verstehen.

● 내가 이해할 수 있도록 말씀하신 것을 적어주시겠습니까?

쾰넨 지 히어 말 슈라이벤 움 쭈 페어슈텐
Können Sie hier mal schreiben, um zu
verstehen?

● 말씀하시는 것을 반정도만 이해합니다.

이히 페어슈테 누어 할프
Ich verstehe nur halb.

● 제가 말을 제대로 했습니까?

페어슈텐 지 미히
Verstehen Sie mich?

자기소개의 기본표현 (1)

● 제 소개를 할까요?

다르프 이히 미히 포아슈텔렌
Darf ich mich vorstellen?

● 나의 이름은 김동수입니다.

마인 나메 이스트 동수 김
Mein Name ist Dong-Su, Kim.

● 성은 김이고 이름은 동수입니다.

김 이스트 파밀리에 나메 운트 동수 이스트 마인 나메
Kim ist Familie Name und Dong-Su ist mein
Name.

● 제 소개를 하겠습니다.

이히 포아슈텔레 미히 이넨
Ich vorstelle mich Ihnen.

● 저는 김기수라고 합니다.

이히 빈 기수 김
Ich bin Ki-Su, Kim.

● 그냥 기수라고 불러주세요.

하이쎈 지 미히 아인파하 기수
Heißen Sie mich einfach Ki-Su.

자기소개의 기본표현 (2)

- 방금 소개된 김인수입니다.

  이히 빈 이넨 게라데 포아게슈텔트 보르덴
  Ich bin Ihnen gerade vorgestellt worden.

- 앞으로 저를 인수라고 불러 주십시오.

  하이쎈 지 미히 인수
  Heißen Sie mich In-Su.

- 저는 한국에서 왔습니다.

  이히 콤메 아우스 코레아
  Ich komme aus Korea.

- 잘 부탁합니다.

  제어 안게넴
  Sehr angenehm.

- 제 독일어에 대해서 말씀을 드리면,

  위버 마인 도이치
  Über mein Deutsch,

- 독일어를 잘 못하기 때문에 잘해보려고 노력하고 있습니다.

  이히 슈프레헤 누어 아민 비스헨 도이취
  Ich spreche nur ein bißchen Deutsch.

- 피눈물 나는 노력을 할 생각입니다. 감사합니다.

  이히 페어주헤 도이취 쭈 레르넨 밋트 알러 베뮈웅 당케
  Ich versuche, Deutsch zu lernen mit aller Bemühung. Danke.

부록
점검
록

자기소개의 기본표현 (3)

● 초면입니다. 인사나 하실까요.

비에 켄넨 운스 노호 니히트 구텐 탁
Wir kennen uns noch nicht. Guten Tag.

● 김 동수라고 합니다. 한국에서 왔습니다.

이히 하이세 동수 김 아우스 코레아
Ich heiße Dong-su, Kim aus Korea.

● 성함을 어떻게 불러야 되겠습니까?

비 졸 이히 지 하이센
Wie soll ich Sie heißen?

● 그냥 한스라고 부르세요.

아인파하 한스
Einfach Hans.

● 트레페르트가 나의 성입니다.

파밀리에 나메 이스트 트레페르트
Familie Name ist Treffert.

● 트레페르트의 철자를 알고 싶습니다.

이히 뫼히테 디 부흐슈타벤 폰 트레페르트 비쎈
Ich möchte die Buchstaben von Treffert wissen.

A를 B에게 소개할 때 (1)

● 제 여동생을 소개하겠습니다.

이히 포아슈텔레 이넨 마이네 슈베스터
Ich vorstelle Ihnen meine Schwester.

● 제 여동생과 인사나 하시죠.

다스 이스트 마이네 슈베스터
Das ist meine Schwester.

● 제 부인과 인사하시죠.

다스 이스트 마이네 프라우
Das ist meine Frau.

● 처음 뵙겠습니다. 부인

제어 에이프로이트
Sehr erfreut.

● 한스씨한테서 말씀 많이 들었습니다.

이히 하베 위버 지 폰 한스 필 게회르트
Ich habe über Sie von Hans viel gehört.

● 그 전부터 꼭 만나뵙고 싶었습니다.

이히 뷘쉬테 임머 지 켄넨쭈레르넨
Ich wünschte immer, Sie kennenzulernen.

A를 B에게 소개할 때 (2)

● 뮐러씨, 이쪽은 김씨입니다.

헤어 뮐러 다스 이스트 헤어 김
Herr Müller, das ist Herr Kim.

● 김씨, 이쪽은 뮐러씨입니다.

헤어 김 다스 이스트 헤어 뮐러
Herr Kim, das ist Herr Müller.

● 처음 뵙겠습니다. 뮐러씨. 만나서 반갑습니다.

이히 프로이에 이히 지 켄넨 쭈 레르넨
Ich freue mich, Sie kennenzulernen.

● 처음 뵙겠습니다. 김씨 나도 역시 만나서 반갑습니다.

프로이트 미히 아후
Freut mich, auch.

A를 B와 C에게 소개할 때

● 바우만씨, 이분이 김씨, 이분은 한씨입니다.

헤어 바우만 다스 이스트 헤어 김 운트 다스 이스트 헤어 한
Herr Baumann, das ist Herr Kim, und das ist Herr Han.

● 이분은 바우만씨입니다.

다스 이스트 헤어 한스
Das ist Herr Baumann.

● 처음 뵙겠습니다. 만나서 반갑습니다.

프로이트 미히 지 켄넨 쭈 레르넨
Freut mich, Sie kennenzulernen.

● 두 분 처음 뵙겠습니다. 역시 만나서 반갑습니다.

프로이트 미히 아후 제어 안게넴
Freut mich auch, Sehr angenehm!

간단한 인적사항을 곁들인 소개 (1)

● 바우만씨, 이분은 삼성전자에서 근무하는 김씨입니다.

헤어 한스 다스 이스트 헤어 김 아르바이테트 바이 삼성

Herr Baumann, das ist Herr Kim, arbeitet bei SamSung.

● 김씨, 이분은 지멘스사에서 근무하시는 바우만씨입니다.

헤어 김 다스 이스트 헤어 한스 아르바이테트 바이 지멘스

Herr Kim, das ist Herr Baumann, arbeitet bei Simens.

소개 (2)

● 토마스씨, 이분은 한 직장에서 같이 일하고 있는 민씨입니다.

토마스 다스 이스트 헤어 민 마인 아르바이츠콜레게

Thomas, das ist Herr Min, mein Arbeitskollege.

● 한스씨, 이분은 민씨입니다. 저와 같이 일하는 사람입니다.

한스 다스 이스트 헤어민 마인 아르바이츠콜레게

Hans, das ist Herr Min, mein Arbeitskollege.

● 우리는 대학 동기입니다.

비어 바렌 인 데어 글라이헨 클라쎄 안 데어 우니페어치테트

Wir waren in der gleichen Klasse an der Universität.

● 동창생입니다.

비어 베주흐텐 디 글라이헤 슐레

Wir besuchten die gleiche Schule.

● 그는 귀중한 거래처[고객, 단골]입니다.

비히티게 쿤데(슈탐쿤데)
wichtige Kunde(Stammkunde)

● 그는 나의 귀중한 구매자입니다.

에어 이스트 마인 비히티거 쿤데
Er ist mein wichtiger Kunde.

● 그는 이웃 동네분입니다.

어어 이스트 운저 나하바
Er ist unser Nachbar.

● 그는 우리집 옆집에 사십니다.

어어 본트 네벤 미어
Er wohnt neben mir.

● 나는 한 집 건너 옆집에 사십니다.

이히 보네 쯔바이 호이저 바이터
Ich wohne zwei Häuser weiter.

● 우리는 절친한 친구사이입니다.

비어 진트 엥에 프로인데
Wir sind enge Freunde.

● 우리는 막역한 친구사이입니다.

비어 진트 게트로이에 프로인데
Wir sind getreue Freunde.

감사할 때 필요한 기본표현   편지를 받고

● 편지 감사합니다.

당케 퓨어 이렌 브리프
Danke für Ihren Brief.

● 귀하의 편지 잘 받았습니다.

이히 하베 덴 브리프 에어할텐
Ich habe den Brief erhalten.

초대를 받고

● 초대해 주셔서 감사합니다.

이히 당케 이넨 퓨어 디 아인라둥
Ich danke Ihnen für die Einladung.

● 저녁식사에 초대해 주셔서 감사합니다.

당케 퓨어 디 아인라둥 쭘 아벤트에쎈
Danke für die Einladung zum Abendessen.

● 결혼식에 초대해 주셔서 감사합니다.

당케 퓨어 디 아인라둥 쭈어 호흐짜이트
Danke für die Einladung zur Hochzeit.

● 집들이 파티에 초대해 주셔서 감사합니다.

당케 퓨어 디 아인라둥 쭈어 아인바이웅스파이어
Danke für die Einladung zur
Einweihungsfeier.

● 생일파티에 초대해 주셔서 감사합니다.

당케 퓨어 디 아인라둥 쭈어 게브르츠타스 파이어
Danke für die Einladung zur Geburtstagsfeier.

파티를 열어주어 감사할 때

● 저를 위해 파티를 열어주어 감사합니다.

당케 퓨어 디 파티 퓨어 미히
Danke für die Party für mich.

● 저를 위해 환영회를 열어주어 감사합니다.

당케 퓨어 디 엠팡스파티
Danke für die Emfangsparty.

● 저를 위해 송별회를 열어주어 감사합니다.

당케 퓨어 디 압쉬츠파티
Danke für die Abschiedsparty.

● 전출 파티를 열어주어 감사합니다.

당케 퓨어 디 아우스쭉스파티
Danke für die Auszugsparty.

● 퇴직 피디를 열어주어 감사합니다.

당케 퓨어 디 압쉬츠파티
Danke für die Abschieldsparty.

● 축하회를 열어주어 대단히 감사합니다.

당케 퓨어 디 파이어
Danke für die Feier.

선물을 받고 감사할 때

● 좋은 선물을 주셔서 대단히 감사합니다.

필렌 당크 퓨어 다스 게솅크
Vielen Dank für das Geschenk.

사과할 때 필요한 기본표현　　늦었을 때

● 죄송합니다. 좀 늦었습니다.

투트 미어 라이트 다스 이히 쭈 슈페트 콤메
Tut mir leid, daß ich zu spät komme.

● 늦어서 미안합니다. [죄송합니다]

엔트슐디겐 지 비테 디 페어슈페퉁
Entschuldigen Sie bitte die Verspätung.

● 기다리게 해서 미안합니다.

투트 미어 라이트 다스 지 아우프 미히 바르텐 뮈스텐
Tut mir leid daß Sie auf mich warten
müssten.

기분을 상하게 하고

● 기분을 상하게 해드렸다면 사과합니다.(= 화나게 했다면 사
과합니다. 기분 나쁘게 해드렸다면 사과합니다.)

엔트슐리궁 벤 이히 이어 게퓔 페어레츠트 하베
Entschuldigung, wenn ich Ihr Gefühl verletzt
habe.

● 찾아뵙지 못해서 정말 죄송합니다.

투트 미어 라이트 다스 이히 조 랑에 지 니히트 베주흐트 하베
Tut mir leid daß ich so lange Sie nicht
besucht habe.

오랫동안 편지를 못하고

● 이렇게 오랫동안 격조하여 사과를 드려야겠습니다.

투트 미어 라이트 다스 이히 랑에 니히트 게멜데트 하베
Tut mir leid daß ich lange nicht gemeldet habe.

● 무어라 사과를 드려야할 지 모르겠습니다.

이히 바이스 니히트 비 이히 미히 엔트슐리겐 졸
Ich weiß nicht wie ich mich entschuldigen soll.

● 사과할 것이 있습니다.

에히 하베 에트바스 쭈 엔트슐리겐
Ich habe etwas zu entschuldigen

오히려 이쪽에서 사과해야 할 때

● 사과할 사람은 그쪽이 아니라 오히려 이쪽입니다.

에스 이스트 안 미어 미히 쭈 엔트슐리겐
Es ist an mir mich zu eutschuldigen.

● 그 일로 사과하실 필요없습니다.
전혀 중대한 일이 아닙니다.

지 브라우헨 니히트 쭈 엔트슐리겐 다스 이스트 니히트 비히티히
Sie brauchen nicht zu entschuldigen Das ist nicht wichtig.

일을 저지르고 또는 양해를 구할 때

- 내가 저지른 일을 사과합니다.

  엔트슐리궁 지 비테 마이넨 펠러
  Entschuldigen Sie bitte meinen Fehler.

- 실례[무례]를 사과합니다.

  엔트슐리겐 지 비테 디 프레히하이트
  Entschuldigen Sie bitte die Frechheit.

- 저의 경솔함을 사과드립니다.

  엔트슐리겐 지 비테 마이넨 라이히트진
  Entschuldigen Sie bitte meinen Leichtsinn.

- 성가시게 해서 죄송합니다.

  엔트슐리겐 지 비테 디 베레스티궁
  Entschuldigen Sie bitte die Belästigung.

- 말씀 도중에 죄송합니다.

  엔트슐리겐 지 비테 디 슈토룽
  Entschuldigen Sie bitte die Störung.

- 얼굴(옷차림)이 이래서 죄송합니다.

  엔트슐리겐 지 다스 이히 조 게콤멘 빈
  Entschuldigen Sie, daß ich so gekommen bin.

- 장갑을 낀채로입니다. 양해하여 주십시오.

  이히 찌에 마이네 한트슈에 안 페어짜이웅
  Ich ziehe meine Handschuhe an, Verzeihung.

가벼운 사과

● 죄송합니다. 미안합니다.

엔트슐디궁
Entschuldigung!

● 죄송합니다. 미안합니다.

페어짜이웅
Verzeihung!

● 저야말로 사과합니다. 저야말로 죄송합니다.
사과는 제가 해야죠.

에스 이스트 안 미어 미히 쭈 엔트슐티겐
Es ist an mir mich zu entschuldigen.

참고

● 감사합니다.

당케
Danke.

● 감사는 오히려 제가 해야죠.

이히 당케 이넨
Ich danke Ihnen.

● 미안!

파동
Pardon!

사과에 대한 응답

- 괜찮습니다.

  다스 마하트 니히츠
  Das macht nichts.

- 관계 없습니다.

  카인 프로블렘
  Kein Problem.

- 천만에요.

  숀 구트
  Schon gut.

- 있을 수 있는 일이지요.

  다스 칸 파시어른
  Das kann passieren.

- 누구나 그럴 수 있는걸요.

  예더 칸 펠러 마헌
  Jeder kann Fehler machen.

- 그런건 괜찮습니다. [염려하지마]

  마헌 지 카이네 조르게
  Machen Sie keine Sorge!

- 그런건 잊어주세요. [그 일은 잊어주시오]

  페어게센 지 다스
  Vergessen Sie das!

- 신경 쓰지마라, 괜찮다.

  다스 마하트 니히츠
  Das macht nichts.

- 중대한 일이 아닙니다.

  다스 이스트 니히트 비히티히
  Das ist nicht wichtig.

- 그 일은 걱정하지 마시오.

  마헨 지 카이네 조르게
  Machen Sie keine Sorge.

- 그 까짓 일로 걱정마라.

  카이네 조르게
  keine Sorge.

- 시괴할 것 없다.

  니히츠 쭈 엔트슐리겐
  Nichts zu entschuldigen.

- 사과할 쪽은 그쪽이 아니라 바로 이쪽입니다.

  에스 이스트 안 미어 미히 쭈 엔트슐티겐
  Es ist an mir mich zu entschuldigen.

- 나는 벌써 기분을 풀은걸요 뭐.

  숀 굿
  Schon gut.

도움이나 친절에 대하여

● 당신의 친절에 깊이 감사합니다.

다스 이스트 제어 네트 폰 이넨
Das ist sehr nett von Ihnen.

● 도와 주셔서 대단히 고맙습니다.

당케 퓨어 이레 힐페
Danke für Ihre Hilfe.

● 조언해 주셔서 [힌트를 주어] 고맙습니다.

당케 퓨어 이렌 라트
Danke für Ihren Rat.

● 위로해 주셔서 깊이 감사합니다.

당케 퓨어 이렌 트로스트
Danke für Ihren Trost.

● 여러가지로 애를 써 주셨습니다. 감사합니다.

당케 퓨어 이렌 베뮈웅
Danke für Ihre Bemühung.

● 정말 신세졌습니다.

이히 빈 이넨 당크 슐리히
Ich bin Ihnen Dank schuldig.

- 여러 가지로 신세졌습니다.

  이히 빈 이넨 제어 당그바
  Ich bin Ihnen sehr danbar.

- 무어라고 감사해야할 지 모르겠습니다.

  이히 바이스 니히트 비 이히 이넨 당켄 졸
  Ich weiß nicht, wie ich Ihnen danken soll.

- 여기있는 동안 베풀어 주신 후대에 깊이 감사드립니다.

  이히 당케 이넨 퓨어 디 가스트프로인트소먀프트
  Ich werde Ihnen für die Gastfreundschaft.

- 당신의 은혜는 결코 잊지 않겠습니다.

  이히 베르데 이넨 퓨어 임머 당크바 자인
  Ich werde Ihnen für immer dankbar sein.

- 이 은혜를 어찌 갚아야할 지 모르겠습니다.

  이히 바이스 가르 니히드 비 이히 이넨 당켄 졸
  Ich weiß gar nicht, wie ich Ihnen danken soll.

- 당신에게 큰 은혜를 입고 있습니다.

  이히 빈 이넨 필 슐다히
  Ich bin Ihnen viel schuldig.

- 어떻게 감사를 충분히 드려야할 지 모르겠습니다.

  이히 바이스 니히트 비 이히 이넨 마이네 당크바카이트 아우스트뤽켄 졸
  Ich weiß nicht, wie ich Ihnen meine
  Dankbarkeit ausdrücken soll.

감사표현에 대한 응답

● 천만에요.

비테 쉔
Bitte schön.

● 원 별말씀을

비테 제어
Bitte sehr.

● 천만의 말씀입니다.

카인 테마
kein Thema!

● 천만의 말씀입니다.

니히츠 쭈 당켄
Nichts zu danken!

● 원 천만에요.

카이네 우어자헤
Keine Ursache!

● 그걸 대단한 것으로 생각지 마십시오.

니히트 데어 레데 베르트
Nicht der Rede wert!

- 감사해야 할 쪽은 그쪽이 아니고 바로 이쪽입니다.

  이히 무스 이넨 당크바 지인
  Ich muß Ihnen dankbar sein.

- 당신을 도와드려서 기뻤습니다.

  게른 게쉐엔
  Gern geschehen.

- 나는 사람들 도와주는걸 좋아합니다.

  이히 막 안데른 로이테 헬펜
  Ich mag andern Leute helfen.

- 아! 아닙니다. 아무것도 아닙니다. 너무 그러지 마십시오.

  니히츠 쭈 당겐
  Nichts zu danken.

- 제가 큰 도움이 되었다니 기쁩니다.

  이히 프로이에 미히 이빈 쭈 헬펜
  Ich freue mich, Ihnen zu helfen.

- 제가 도울 수 있었던 것이 다행입니다.

  이히 프로이에 미히 이빈 쭈 헬펜
  Ich freue mich, Ihnen zu helfen.

- 그건 기쁜 일입니다. [도와 드린다는게 기쁜일이죠 뭐]

  게른 게쉔
  Gern geschehen!

길을 물을때와 안내할 때 (1)

- 실례합니다. 중앙우체국으로 가는 길을 가르쳐 주시겠습니까?

  <small>엔트슐디궁 비 콤메 이히 쭈어 하우프트포스트</small>
  Entschuldigung, wie komme ich zur
  Hauptpost?

- 네. 여기서 소형버스를 타세요. 401 호입니다.

  <small>네멘 지 덴 부스 피어눌 아인스</small>
  Nehmen Sie den Bus, 401.

- 중앙우체국까지는 몇 정거장입니까?

  <small>비 필레 슈타찌오넨 무스 이히 바이터 파렌 비스 쭈어 하우프트포스트</small>
  Wie viele Stationen muß ich weiter fahren bis zur
  Hauptpost?

- 다섯 정거장 됩니다.

  <small>퓐프슈타찌오넨 노흐 바이터</small>
  fünfstationen noch weiter.

- 마이크로버스는 얼마나 자주 다닙니까?

  <small>비 오프트 콤트 데어 부스</small>
  Wie oft kommt der Bus?

- 매 4 분마다 있습니다.

  <small>알레 피어 미누텐</small>
  Alle vier Minuten.

- 대단히 감사합니다.

  <small>필렌 당케</small>
  Vielen Dank.

- 실례합니다. 이 길이 우체국으로 가는 길입니까?

  엔트슐리궁 콤메˙이히 쭈이 포스트
  Entschuldigung, komme ich zur Post?

- 네, 그렇습니다.

  야
  Ja.

- 좀 지나쳐 오셨습니다.
  오던길을 2, 3분 도로 가십시오.

  숀 포바이 게엔 지 덴 벡 쯔바이드라이 미누텐 쭈뤽 덴 지 게콤멘 진트
  Schon vorbei. Gehen Sie den weg 2-3Minuten
  zurück, den Sie gekommen sind.

- 앞에 간판이 보일겁니다.

  지 쾬넨 다스 쉴트 포르네 제엔
  Sie können das Schild vorne sehen.

- 쉽게 찾을 수 있습니다.

  지 쾬넨 에스 아인파하 핀덴
  Sie können es einfach finden.

- 감사합니다.

  당케 쉔
  Danke schön.

- 실례합니다. 경찰관님.
  여기가 초행이라서 길을 잃었습니다.
  여기가 어디쯤 됩니까?

  엔트슐리겐 지 비테
  이히 하베 미히 페어라우펜
  보 빈 이히 에츠트

  Entschuldigen Sie, bitte.
  Ich habe mich verlaufen.
  Wo bin ich jetzt?

- 여기 지도가 있습니다.
  계신 곳이 이 지점입니다.

  히어 이스트 디 슈타트카르테 지 진트 게라데 히어

  Hier ist die Stadtkarte. Sie sind gerade hier.

- 저는 지금 쾨니히광장에 있군요.

  이히 빈 에츠트 인 쾨니히플라츠

  Ich bin jetzt in königplatz.

- 네, 그렇습니다.

  야 리히티히

  Ja, richtig.

● 실례합니다. 교통순경아저씨,
기차역가는 길을 찾고 있는데 가도록 도와주시겠습니까?

엔트슐리겐 지 쾬넨 지 미어 헬펜
이히 빌 쭘 반호프
Entschuldigen Sie, können Sie mir helfen?
Ich will zum Bahnhof.

● 가르쳐 드리고 말고요.
뮌헨엔 처음 오셨습니까?

아 나튜얼리히
진트 지 에르스테 말 인 뮌헨
Ja, natürlich.
Sind Sie erst mal in München?

● 네, 그렇습니다.
어리둥절해서 어찌할 바를 모르겠습니다.

야 이히 바이스 가르 니히트 보 히어 바스 이스트
Ja, Ich weiß gar nicht wo hier was ist

● 23번 버스를 타십시오. 정류장은 바로 저쪽입니다.

네멘 지 덴 부스 드라이 운트 쯔반찌히 디 부스할테슈텔레
베핀데트 지히 다 드뤼번
Nehmen Sie den Bus, 23. Die Bushaltestelle
befindet sich da drüben.

● 실례합니다.
버스터미널에 어떻게 가는지 일러주시겠습니까?

엔트슐디겐 지 비테 쾬넨 지 미
자겐 비 이히 쭘 부스반호프 콤메

Entschuldgen Sie bitte, können Sie mir
sagen, wie ich zum Busbahnhof komme?

● 일러드리고 말고요.

야 클라

Ja, klar.

● 길을 건너가셔서 택시를 타시고 운전수에게
나씨옹 버스터미널에서 내려달라고 하세요.

게엔 지 아우프 덴 안데렌 슈트라센자이텐
자겐 지 덴 파러 에어 졸 지 암 반호프 라우스 라센

Gehen Sie auf der anderen Straßensteiten.
Sagen Sie den Fahrer, er soll Sie am
Bahnhof raus lassen.

● 실례합니다.
  잠시 말씀 좀 나누실까요? [뭘 좀 물어볼 수 있습니까?]

  엔트슐디궁
  칸 이히 지 에트바스 프라겐
  Entschuldigung.
  Kann ich Sie etwas fragen?

● 네.

  야 비테
  Ja, bitte.

● 이 근처에 한국식당이 있습니까?

  깁 에스 아인 코레아니쉐스 레스티우란트 인 데어 네
  Gibt es ein koreanisches Restaurant in der
  Nähe?

● 글쎄요. 제가 아는한 없는걸로 알고 있습니다.

  바솨인리히 깁 에스 니히트 조랑 이히 바이스
  Wahrscheinlich gibt es nicht, so lang ich weiß.

● 중국식당만 있을 따름입니다.

  히어 깁 에스 누어 히네지쉐 레스티우란트
  Hier gibt es nur chinesische Restaurant.

● 여기가 어디쯤일까?

보 이스트 히어
Wo ist hier?

● 글쎄! 모르겠네요.

이히 바이스 에스 니히트
Ich weiß es nicht

● 틀림없이 이 근처인데

에스 무스 베슈팅트 히어 자인
Es muß bestimmt hier sein.

● 아, 저기 경찰관이 오네요. 물어봅시다.

아하 다 콤트 폴리짜이 프라켄 비어 인
Ach, da kommt Polizei Fragen wir ihn!

● 실례합니다. 경찰관님 가장 가까운 지하철역이 어디에 있는지 일러줄 수 있습니까?

엔트슐리겐 지 비테 쾬빈 지 운스
자겐 보 디 네헤스테 우-반 슈타찌온 이스트
Entschuldigen Sie bitte? Können Sie uns sagen, wo die nächste U-Bahn-Station ist?

● 실례합니다. 81번 버스를 타면 시청에 갈 수 있습니까?

엔트슐디겐 지 비테
Entschuldigen Sie bitte.

칸 이히 쭘 라트하우스 밋트 뎀 부스 아인 운트 아하 찌히
Kann ich zum Rathaus mit dem Bus 81?

● 네, 그렇습니다만 빙 돌아가는 길이 됩니다.
택시를 타시면 많은 시간이 절약됩니다.

아 아버 다스 이스트 아이넨 움벡
Ja, aber das ist einen Umweg.

벤 지 아인 탁시 비멘 쾬넨 지 디 짜이트 슈파렌
Wenn Sie ein Taxi nehmen, können Sie die
Zeit sparen.

● 여기 택시가 오는군요.

다 콤트 아인 탁시
Da kommt ein Taxi.

● 내가 잡겠습니다.

이히 루페 에스
Ich rufe es.

- 참 건물 크다! 몇 층이나 될까?

  조 그로스 비 필레 슈톡베르케 이스트 다스
  So groß! Wie viele Stockwerke ist das?

- 바우어씨 사무실은 어디에 있을까?

  보 이스트 다스 뷔로 폰 헤른 바우어
  Wo ist das Büro von Herrn Bauer?

- 저기 안내소가 있습니다. 여직원에게 물어봅시다.

  도르트 깁 에스 인포마찌온
  프라겐 비어 지
  Dort gibt es Information.
  Fragen wir sie!

- 실례합니다. 아가씨,
  바우어씨 사무실은 몇 층이지요?

  엔티슐디겐 지 비테
  Entschuldigen Sie, bitte.

  인 벨헴 슈톡 베핀데트 지히 다스 뷔로 폰 헤른 바우어
  In welchem Stock befindet sich das Büro
  von Herrn Bauer?

- 10층에 있습니다.

  에스 이스 임 쩬텐 슈톡
  Es ist im zehnten Stock.

● 이 근처에 주유소가 있다고 하던데요.

에스 졸 아이네 탕크슈텔레 히어 민데어 비에 게벤
Es soll eine Tankstelle hier in der Nähe
geben.

● 약 열상점 아래 있는데요.
도로에서 조금 들어가 있습니다.

에스 깁 나하 쩬 게쉐프텐 니히트 디렉트 안 데이 하우프트슈트라세
Es gibt nach zehn Geschäften.
Nicht direkt an der Hauptstraße.

● 차례를 기다리는 차들 좀 보세요.

저엔 지 디 아우토스 안 데어 라이에
Sehen Sie die Autos an der Reihe.

● 손님 가득 채워 드릴까요?

졸 이히 폴탕켄
Soll ich volltanken?

● 그래요.

야 비테
Ja, bitte.

부
총
점
록
검

● 실례합니다. 이 길을 따라가면 지하철역이 나옵니까?

엔트슐디궁 콤메 이히 주이 우-반-슈타찌온

Entschuldigung! Komme ich zur U-Bahn-Station?

● 네, 그렇습니다.

야

Ja.

● 지하철역으로 가는 지름길을 가르쳐 주시겠습니까?

쾬넨 지 미어 자겐 비 이히 디렉트 쭈이 우-반-슈타찌온 게에

Können Sie mir sagen, wie ich direkt zur U-Bahn-Station gehe?

● 이 길로 계속 가시다보면 큰 네거리가 나옵니다.
똑회전하시고 똑바로 가십시오.

벤 지 디 슈트라세 바이터 게엔 콤트 아이네 그로써 크로이쫑
단 나하 레히츠 운트 게라데아우스

Wenn Sie die Straße weiter gehen, kommt eine große Kreuzung.
Dann nach rechts und geradeaus.

```
┌─────┐
│ 판 권 │
│ 본 사 │
│ 소 유 │
└─────┘
```

포켓 하나, 둘 **해외여행독일어**

2002년 5월 20일 초판 인쇄
2002년 5월 30일 초판 발행

지은이 / 국제언어교육연구회
펴낸이 / 최   상   일

펴낸곳 / 태 을 출 판 사
서울특별시 강남구 도곡동 959-19
등록 / 1973년 1월 10일(제4-10호)

──────────────────────────────

©2001, TAE-EUL publishing Co., printed in Korea
잘못된 책은 구입하신 곳에서 교환해 드립니다.

■ **주문 및 연락처**

우편번호 100-456
서울특별시 중구 신당6동 52-107 (동아빌딩 내)
전화 / 2237-5577 팩스 / 2233-6166

ISBN 89-493-0163-6 13750